한국불교를 중흥시킨
큰스님들 이야기

한국불교를
중흥시킨
큰스님들
이야기

오재민 지음

어린

처음에는 스님들 이야기만 발표할 생각이었으나 출판사 쪽에서 분량이 너무 적다하여 내용상 성격이나 성상性狀이 좀 다르긴 해도 세속의 이야기를 함께 넣기로 했다. 말미에 들어간 '주천강 나룻배'란 오래 전에 쓴 시도 실어, 부족한대로 한 권의 책이 된 듯하다.

스님들 이야기를 집필하면서 신神을 섬기는 종교인 중에는 가끔 이성을 잃고 무비판적으로 종교를 믿는 광신도를 볼 수 있으나 경허스님의 경우를 보면 광신도를 닮은 듯한 도인과 도인을 닮은 듯한 광신도와는 비교할 수 없는 크나큰 차이가 있다는 것을 알게 되었다.

다섯 스님들 이야기는 (은둔)의 조연현 님의 글이 많은 도움이 되었다. 필자의 입장으로는 독자들이 재미있게 읽어주는 것이 유일한 바람이다.

본문에 있는 인연이야기는 필자 친구의 형이 6·25때 직접 겪은 이야기이며, 욕쟁이 할머니 역시 청주에서 있었던 실화를 바탕으로 엮은 내용이다. 다만 글의 전개상 약간의 수정과 윤색을 했을 뿐이다. 백화산, 방아다리, 욕쟁이 할머니 등은 청주를 무대로 이야기가 시작된다. 지금은 그 근처에 옛 방아다리가 있었다는 표석이 서 있을 뿐, 당시의 분위기는 찾을 수 없다. 지명地名을 아는 독자들은 공감이 가리라 생각된다.

　필자의 고향은 강원도 삼척이다. 그곳에서 어린 시절을 보내며 6·25를 경험했고 깊은 산속의 너와집과 겨울철에 내리는 많은 눈도 보았다. 이런 영향으로 강원도를 무대로 한 얘기들이 많다.

　오대산 미륵바위, 방아다리, 서영이 엄마, 백화산 등은 실화가 아닌 순수 창작임을 밝혀둔다. 동업중생은 통일 시기에 대한 예언적 성격이 짙어 의미심장하게 생각도 할 수 있겠으나, 우리나라의 통일과 세계 평화를 염원하는 한 사람의 소망으로 생각해 주었으면 고맙겠다.

　끝으로 이 책이 나오기까지 협조해 주신 여래출판사 대표께 진심으로 고맙게 생각한다.

2015년 6월

저자 오 재 민

|목차|

제1부 한국불교를 중흥시킨 큰스님들 이야기

제2부 인연이야기

제3부 동업중생

한국불교를 중흥시킨
큰스님들 이야기

여기 소개된 경허, 수월, 혜월, 만공, 일엽 다섯 분 스님들의 이야기는 이야기 전개과정상 무리를 피하기 위해 시간·공간적으로 수정을 했을 뿐 실화임을 밝혀둔다.

　스님들의 제자나 제 삼자의 증언들의 진실 여부를 사실적으로 확인할 수 있는 길은 없지만 종교적 자세로 순수한 마음으로 바라보면 거짓을 말할 이유가 없음을 짐작할 뿐이다.

　그러나 그것을 믿으라고는 하지 않겠다. 다만 스님들과 접촉한 사람들의 이야기이므로 거짓을 말할 이유도 목적도 없기 때문이란 말로 대변이 될지 모르겠다.(저자)

선불교의 중흥조 - 경허대사

　세속의 잣대로는 경허스님을 잴 수가 없고 범부의 안목으로는
스님을 평가할 수 없다.

　경허대사는 대원군 시절 외세가 우리나라를 넘보며 개화의 물결이
들이닥치던 격변기에 이 나라에 계시던 선승이시며, 조선 500년간
억불정책으로 선맥이 끊긴 이 나라의 불교를 다시 일으켜 세우신
도인이시다.

　충남 서산 고북 저수지를 감돌아 연암산으로 크고 작은 능선들로
감추어진 하늘에 숨었다는 천장사에 스님은 계셨다. 스님의 제자는
여러 명이었으나 스님의 법통과 선맥을 이으신 스님 세 분이 계셨으니
수월과 혜월, 만공스님이시다.

　경허스님은 말년에 주석하시던 천장사를 떠나 사바세계 중생들의

세상으로 환속하셨다. 모르는 사람들은 스님을 파계승이며 타락한 중이라고 비난하는 사람도 있었다.

"삶과 죽음은 둘이 아니며 우리 인생도 뜬구름이며 세상사 모두가 물거품이로다."

이렇게 계룡산 동학사 강당에서 법을 설하는 젊은 스님이 있었다. 경허스님의 젊은 시절이다.

지금으로부터 150년 전 그때 만해도 우리나라 산에는 호랑이가 어슬렁거리며 짐승들을 잡아먹고 사람도 가끔 피해를 보던 시절이었다. 경허는 스승 만화 보선으로부터 물려받아 10년 전부터 조선불교 최고의 강원인 동학사 강원의 학장이 되었다. 전주에서 태어난 경허스님은 아홉 살 때부터 아버지를 여의고 어머니 손에 이끌려 청계사로 출가했다. 그의 나이 열세 살 되던 해, 청계사를 떠나 동학사로 옮겨와 만화스님으로부터 경전을 배워 총명함과 깊은 학식을 인정받아 학장이 된 것이다.

그는 어느 날 며칠 말미를 내서 아버지처럼 돌봐주신 계허스님이 보고 싶어 어머니 손을 잡고 출가한 청계사에 가 보고 싶어서 절을 떠났다. 천안을 지나던 중 심한 비바람을 만났다. 스님은 근처 마을로 피해 들어갔다. 이집 저집 문을 두드려도 어느 집도 문을 열어주지 않았다. 어느 집에 이르러 문을 두드리니 한 사람이 문을 열고 머리를 내밀며 말했다.

"지금 이 마을에는 호열자(콜레라)가 창궐해 모두 죽어, 집집마다

시신이 쌓였으니 당신도 전염되어 죽고 싶지 않으면 속히 멀리 피하시오."

그 말을 내뱉으며 얼른 문을 닫아버린다. 경허는 등골이 오싹하고 모골이 송연해졌다. 갑자기 죽음에 대한 공포가 밀려왔다. 집집마다 죽은 송장이 자신을 부르는 듯 했다. 대중들이 우러러보는 법상法床에서 생사가 둘이 아니라고 가르치던 그가 아닌가? 경허는 천안의 한 마을에서 도망쳐 나왔다. 청계사 가던 것도 포기하고 되돌아왔다.

동학사에 돌아온 그는 강원을 폐쇄했다. 지금까지 법상에서 대중에게 떠벌린 생과 사는 둘이 아니라고 한 말은 나를 속이는 말이었다. 죽음 앞에서 공포에 질려 도망쳐온 주제에 사람들 앞에서 생과 사는 둘이 아니라고 떠벌렸으니 나를 속이고 남도 속이는 사기꾼이었다. 그는 그 길로 토굴에 들어가 문을 닫아걸었다. 잠에 떨어지지 않기 위해 턱밑에 송곳을 세워놓고 화두참구에 정진했다. 사미승 동은이 시봉하느라 가끔 들여다볼 뿐이다.

어느 날 도일스님이 스승인 만화 보선스님에게 말했다.

"스님, 아랫마을에 사는 처사님이 왜 소가 되어도 구멍 뚫는 코뚜레가 없다고 합니까? 그 말이 무슨 뜻인가요?"

"그런 말이라면 저 토굴에 숨어 있는 경허한테 물어 보거라."

도일은 며칠을 망설이다가 시봉하는 동은을 따라 토굴에 올라갔다. 경허는 폐인이 다 된 몰골로 눈빛만 살아서 반짝이고 있었다. 도일은 대뜸 물었다.

"스님! 소가 되어도 구멍 뚫은 코뚜레가 없다는데 무슨 말입니까?"

그 순간이었다. 경허의 눈이 뒤집히는 듯 하더니 그의 의심덩어리가 대폭발이 일어난 것이다. 억겁의 족쇄가 산산조각이 났다. 그는 생과 사와 생로병사와 영고성쇠의 사슬을 단번에 풀어헤친 도인이 되었다. 찰라에 내려친 벼락을 맞아 죽을려고 해도 죽을 나도 없고, 살려고 해도 살 나도 없는 무념무상의 세계에 다시 태어난 것이다.

경허는 견성성불했음에도 용맹정진을 중단하지 않았다

이듬해 봄 서산 연암산 천장사로 자리를 옮겨 보림에 들어갔다(견성 뒤의 마지막 공부). 그는 옷을 갈아입거나 잠을 자는 일 없이 바위처럼 앉아 일 년을 정진했다. 우주 안에 내가 있고 내 안에 우주가 있음을 알았다.

어느 날 송광사에서 불상 점안식에(부처님 눈에 생명을 불어 넣는 의식) 법력을 가진 스님을 초청한다며 경허스님을 초청했다. 점안식이 끝나자 경허스님이 언제 들고 왔는지 삶은 돼지다리를 안주 삼아 술을 마시며 말했다.

"맛이 아주 좋구려. 여러분도 한잔 합시다."

송광사 대중들은 기절초풍할 일이었다. 혈기왕성한 젊은 스님들은 이구동성으로 말했다.

"저 미친 중을 끌어내라!"

"허허허! 끌어내지 않아도 내 발로 나가리라. 부처님 점안식도 했으니 고기안주해서 술 한 잔 하는 것도 좋지 않소?"

이렇게 말을 하고는 주장자를 짚고 뒷산으로 올라간다. 하도 기이한 짓을 해서 대중은 경허스님으로부터 눈을 떼지 못했다. 대여섯 스님이 경허스님의 뒤를 따랐다. 산을 한참 오르던 스님이 넓은 바위 위에 좌정한다. 조금 지나자 숲속에서 황소 같은 호랑이 대여섯 마리가 스님 앞에 와서 다리를 접고 엎드리는 것이다. 눈을 감고 있던 스님이 눈을 뜨며 말했다.

"이제 모두 돌아가 해탈하도록 해라."

그 말에 호랑이들은 벌떡 일어나 숲속으로 사라지는 것이다. 그것을 본 스님들이 앞으로 나오며,

"스님! 스님을 몰라 뵙고 저희들이 큰 죄를 지었습니다. 용서해 주세요."

"허허허. 용서하고 말고가 있습니까? 나중에 만나면 돼지나 한 마리 잡아서 술이나 한 잔 합시다."

"돼지뿐입니까? 소라도 잡으라면 잡지요."

경허스님이 천장사에 계실 때 일이다. 절에 양식이 떨어져 간다는 말에 만공을 데리고 탁발을 나갔다 며칠을 남의 집 사랑방이나 한 데서 잠을 자면서 탁발을 해서 두 사람 바랑에 곡식이 가득 채워졌다. 좀 무겁기는 해도 이 정도면 시주미가 들어올 것을 계산하면 몇 달 양식은 될 것 같았다. 앞서가던 만공이 경허스님을 돌아보며 불편스러운 말투로 말했다.

"스님! 다리도 아프고 짐이 무거워 이대로 가다가는 해가 떨어지

전에는 절에 못 갈 것 같아요."

"어쩌겠느냐! 가는 데로 갈 수밖에……."

어느 마을 앞을 지나는데 마침 곱상한 처녀가 물동이를 이고 가는 것이다. 그걸 본 경허스님이 처녀를 부른다.

"여보시오, 거 뉘집 처녀신가. 나 좀 봅시다."

"왜 그러세요, 스님."

물동이를 든 처녀는 잠시 걸음을 멈추고 경허스님이 가까이 오기를 기다린다. 가까이 다가온 경허스님은 다짜고짜 처녀의 입에 입을 갖다 대고 쪽하고 입을 맞추는 것이다. 처녀는 놀라 소리를 지르며 물동이를 떨어뜨려 박살이 났다. 동시에 처녀는 소리쳤다.

"저, 중놈이 내 입을 맞추고 달아나요, 동네사람들!"

그 소리에 마을사람들 몇 명이 삽자루와 작대기를 들고 쫓아온다.

"이 돌중놈들아! 게섯거라!"

경허와 만공은 똥줄이 빠지게 달아났다.

얼마를 왔을까? 뒤를 따르는 사람이 없다. 두 사람은 숨을 헐떡이며 만공은 길가 바위에 주저 앉는다.

"어떠냐? 이렇게 뛰어오니 짐이 무거운 것도 잊고 여기까지 빨리 오지 않았느냐?"

"스님! 그래서 처녀 입을 맞추셨나요?"

"이놈아! 처녀 입맛도 보고 빨리오니 좋지 않느냐."

"하지만 만약 우리가 마을사람들에게 붙잡혔다면 깨진 물동이 값으로 시주받은 곡식을 다 빼앗겨도 할 말이 없을 겁니다."

"잡히지 않았으니 다행이지. 깨진 물동이는 언제 깨져도 깨질 물건이고, 그 처녀는 어느 세월에 도인과 입을 맞춰 보겠느냐. 도인과 입을 맞췄으니 그 처녀는 소원을 풀 것이다. 허허허."

한번은 절에 단청을 한다면서 만공을 데리고 다니며 시주를 나가 시줏돈이 좀 모아지자 그 돈을 가지고 주막으로 들어갔다.

"주모, 여기 술상쯤 보아주구려……"

주모는 술상을 들고 오면서 두 스님의 아래위를 살피면서 말했다.

"스님네도 술을 드시나요?"

"스님도 사람이고 술도 음식이니 사람이 음식을 먹는 것은 당연한 일이잖소?"

"그렇긴 합니다만……"

경허스님은 만공스님에게도 술 한 사발을 부어주며,

"어서 마셔 보아라. 피로가 좀 풀릴 것이다. 시주받은 돈이 있으니 걱정 말고 마셔라……"

경허스님은 연거푸 몇 잔을 마시더니,

"주모, 안주가 나물뿐이오? 뭐 돼지고기나 닭고기 같은 건 없소?"

"닭을 잡아둔 게 있지만 술안주로 하려면 좀 기다려야 합니다."

"그 닭 한 마리 푹 삶아서 내오시오."

"그러지오."

만공은 주모 보기가 민망스러워 영 불편한 눈치다. 얼마 후 삶은 닭고기가 나오자 다리를 하나 만공스님에게 건네주며,

"자, 먹어봐. 네놈도 고기 맛 본 지 오래되었을 게다."

만공스님은 스승 앞이라 아무 말도 못하고 받아먹는다. 두 스님은 닭 한 마리에 몇 잔의 술로 허기를 채우고 바랑에서 돈을 꺼내 술값을 치르고는 나온다.

"자, 가자. 단청은 이렇게 하는 거야."

만공이 의아해서 물었다.

"단청을 하다니요?"

"이놈아! 내 얼굴을 좀 보아라. 보기 좋게 붉어지지 않았느냐. 네놈도 술 몇 잔 하더니 얼굴에 단청이 잘 되었구나."

"스님! 단청한다고 받은 시줏돈을 이렇게 써도 되는지요?"

"부처님 집에 단청을 하려거든 제대로 해야지. 죽은 나무에 단청을 하는 것보다 이렇게 살아있는 부처 집에 단청을 해야 제대로 하는 거지."

그 말에 온몸에 술기운이 한꺼번에 빠져 나가는 것 같더니 만공은 크게 깨달았다. 천장사에 가까이 오자 마침 수월스님이 나무를 한 짐 짊어지고 오는 것이다. 경허스님이 그걸 보고,

"이놈아! 나무만 하지 말고, 내 돈을 줄 테니 너도 단청 좀 해라."

수월스님은 나뭇짐을 내려놓고 비틀거리는 경허스님을 부축하며 말했다.

"얼굴에다 단청을 하셨군요."

"그래, 부처님 집에 단청을 했지. 얼굴에만 한 게 아니야."

수월스님도 그 말에 크게 깨달았다.

그후 경허스님은 천장사를 떠나 유람하면서 살았다. 승복은 낡아서 스님인지 거지인지 분간할 수 없는 모습으로 때 묻은 바랑하나 짊어지고 목탁 하나 들고 머리와 수염은 길어 스님인지, 거지인지, 속인이지 분간이 안 되는 몰골이다. 떨어진 짚신을 끌며 이집 저집 문전걸식 겸 탁발을 하면서 남녀노소를 불문하고 그의 눈을 똑바로 바라보면 눈을 맞추려 들었으며 상대가 누구든 손을 잡으려 하고 말을 걸어 짧은 대화라도 하려고 했다. 그래서 대다수의 사람들은 그를 괴승이며 파계승이며 타락한 중이며 미친 중이라고 비난하는 것이다. 특히 손을 잡으려 드는 스님을 부녀자들은 기겁을 하고 놀라 입을 모아 비난했다.

"중놈이 미쳐도 더럽게 미쳤어."

이런 욕을 해도 그런 행동을 계속하며 다녔다.

한번은 초겨울 추운 날, 마을 앞 개울가에서 손을 불어가며 빨래를 하는 처녀를 보고는 가까이 다가가,

"손이 얼마나 시리시오. 어디 손좀 봅시다."

그 처녀는 스님인지 거지인지 분간할 수 없는 모습을 보면서 다소곳이 손을 내밀었다. 스님은 그 처녀의 양손을 잡고 문질러 주면서,

"이 고운 손이 어름장같구려."

"스님이시군요. 손은 따뜻하군요. 스님! 저희 집이 저기니 잠시 가시지요. 헌옷이지만 아버지가 입던 솜옷이 한 벌 있으니 입으세요."

"고맙지요. 주신다면 입고말고요."

"스님, 옷이 너무 낡았고 추워 보여요."

그래서 헌옷이긴 해도 깨끗한 솜옷을 입게 되었다.

그후 어느 날 산길을 가고 있는데 스님을 찾아다니던 제자 스님이 경허스님을 발견하고는 반갑게 달려와 땅에 엎드려 큰 절을 올리고,

"스님을 찾아 얼마나 헤맸는지 모릅니다. 스님의 행색이 워낙 특별나서 찾기가 그리 어렵지는 않았지만 고생을 했습니다."

"고생을 하면서 왜 찾아다녀. 이놈아!"

"수월스님께서 스님의 새 옷과 신을 준비하시고 스님을 찾아 전해드리고 모셔오라 했습니다."

"수월 그놈이 시키지도 않는 짓을 했구나. 난 그런 거 필요 없으니 가지고 가거라."

"스님, 제발 고집을 부리지 마시고 새 옷으로 갈아입으세요. 스님 몰골이 거지지 스님입니까?"

"이놈아! 거지든 중이든 네놈이 참견할 일이 아니니 돌아가거라."

"스님, 제발 부탁입니다. 여기까지 오면서 스님에 대한 소문을 들었습니다. 세속사람들은 스님을 파계승이며 타락하고 미친 중이라고 욕하는 것을 여러 번 들었습니다. 스님, 제발 저와 함께 돌아가시지요. 천장사 식구들이 모두 기다립니다."

"이놈! 시끄럽다. 나는 나 할 짓하고 다니는 거고, 너는 너 할 짓하며 살면 되는 거지. 누구더러 이래라 저래라 하느냐? 천장사에 가거든 전해라. 내 걱정은 말고."

"스님. 제발 빕니다. 스님의 마음을 세속사람들은 잘 모릅니다. 스님이 아무리 그들을 바른 길로 인도한다한들 스님 뜻을 따를 사람이 몇이나 되겠습니까?"

"이놈아. 네놈이 무얼 안다고 잔소리냐. 중생의 지혜로 어찌 부처님의 뜻을 알겠느냐. 돌아가거라. 때가 되면 알 것이다."

"하지만 옷이라도 갈아입으시지요."

"공연한 말씨름하지 말고 돌아가거라. 옷은 중생들에게 얻어 입으면 되는 거지. 난 그 옷 안 입는다.

가기 전에 내 눈을 똑바로 보아라. 내 눈 속에 부처님이 계시는가 보란 말이다."

"무얼 하느냐. 어서 보라니까!"

제자 스님은 경허스님의 재촉에 엉거주춤 서서 경허스님의 눈을 똑바로 본다.

"내 눈 속에 부처님이 계시더냐?"

"네. 스님 눈이 부처님 눈을 닮은 것 같군요."

"됐다. 어서 가거라."

스님은 멀리 보이는 마을을 향해 무심히 걸어가신다. 제자 스님은 새 옷이며 신발 등을 드리지도 못하고 스님의 뒷모습을 안타까운 눈으로 바라볼 뿐이다. 한참을 가다 스님은 뒤를 돌아보며 말했다.

"이놈아! 뭘 하고 섰느냐? 내 걱정 말고 어서 돌아가거라. 이 천지가 내 집이고 내 쉼터인데 어딜 가자고 하냐? 돌아가서 수월에게 전해라. 다시는 쓸 데 없는 짓 하지 말고 나를 찾지도 말라 해라."

경허스님이 천장사에 계실 때 하루는 스님의 방 앞에 젊은 여자가 때 묻은 치마를 덮어쓰고 눈만 내놓고 서 있었다. 스님은 인기척에 문을 열고 내다보며 말했다.

"댁은 뉘시오, 무슨 볼일이라도 있소?"

여인은 말도 잘 못하는지 띄엄띄엄 입을 뗀다.

"스님, 배가, 배가 몹시 고파요, 밥 좀 주세요."

경허스님은 얼른 밖으로 나와 여인이 쓰고 있는 치마를 들고 보니, 그녀의 눈썹과 머리는 듬성듬성 빠져 있고 코와 입술은 일그러져 있을 뿐만 아니라 역겨운 냄새가 진동하고 온몸에서 피고름이 흐르는 흉측한 몰골의 문둥병 여인이 아닌가.

그러나 스님은 그녀의 손을 덥석 잡고 방으로 안내하였다. 그리고 제자를 불러 밥과 반찬을 가져오라고 하신다. 밥상을 여인 앞에 놓고,

"어서, 드시오."

그러나 여인은 밥상을 바라볼 뿐 수저를 들지 않고 있었다. 스님은 그녀의 손을 보고 또 한 번 놀란다. 그녀의 손가락은 몇 개가 빠졌고 남아있는 손가락은 오그라들어서 수저를 들 수 없었다. 스님은 수저를 들어 여인의 입에 밥을 떠 넣어주고 반찬을 먹여주었다. 여인은 반은 흘리고 반은 먹으며 밥 한 그릇을 다 먹었다. 모처럼 빈속에 밥을 먹어 그런지 식곤증이 나는지 그 자리에 퍽 쓸어져 잠을 잔다. 스님은 얼른 자신이 깔고 덮던 요와 이불을 펴서 여인을 안아 스님 팔에 눕히고 함께 잠을 청했다. 여러 시간이 지나도 여인이 스님 방에서 나오지 않자 이를 이상하게 생각한 수월스님이 문틈으로

들여다보았다. 스님은 흉측한 몰골의 썩은 냄새가 풍기는 문둥병 여인을 팔베개해서 품에 안고 코를 골며 자고 있지 않은가!

수월스님은 혀를 내두르며 혼잣말을 했다.

'아! 우리 스님은 도인이시구나. 범인들은 도저히 할 수 없는 일을 저토록 태연히 하시는구나!'

수월스님은 오랫동안 경허스님을 모시고 수행하면서 스님이 선승임을 짐작은 했지만 이런 도인인 줄은 몰랐다. '스님은 완전히 도인이구나. 도인이 아니고서야 어찌 저런 여인을 품에 안고 잠을 잘 수 있단 말인가.'

경허스님은 며칠이 지나도 그 여인을 보낼 생각을 않았고, 그 여인도 갈 생각이 없는지, 대소변을 보고 싶으면 경허스님의 손을 잡고 대소변을 보고, 더욱 손이 그래서 그런지 경허스님은 대변을 본 여인의 뒤를 닦아 준다. 몸종도 특별한 몸종이며 머슴도 특별한 머슴이다. 그렇게 다정한 부부인양 귀여운 손녀인양 몇날 며칠을 밥을 먹여주고 한 이불 속에서 잠을 재웠다. 제자 스님들은 큰 스님이 문둥이 여자와 살림을 차렸다느니, 파계를 하셨다느니 하며 수군대면 수월과 혜월스님은 헛소리 말고 조용히 하라며 나무란다.

문둥병 여인이 절에 온 지 열흘이 다 되는 날 밤, 수월과 혜월 두 스님은 걱정도 되고 안타까운 마음에 스승의 방 앞을 서성이고 있었다. 그때 갑자기 온 도량에 알 수 없는 향기가 가득하며 경허스님 방에서 찬란한 밝은 빛이 세어 나오는 것이다. 하도 기이해서 두 스님은 스승의 방문을 조금 열고 들여다본다.

그들은 스님의 방에서 일어난 놀라운 장면을 보고 잘못 본 것이 아닌가 싶어 자신들의 눈을 비비고 다시 한 번 본다. 문둥병 여인은 간곳이 없고 거룩한 모습의 관세음보살이 온 몸에서 금빛 찬란한 빛과 알 수 없는 향기를 발하며 경허스님의 손을 잡고 맑고 청아한 목소리로 말한다.

"스님은 많은 중생을 제도하시고 열반의 세계로 오세요. 스님의 눈을 보는 중생은 수기를 받아 장차 성불할 것이며 스님과 손을 잡거나 살과 살이 서로 닿아도 그 중생은 수기를 받아 장차 성불할 것이며, 스님과 한 마디 말을 나누어도 그 중생은 수기를 받아 장차 성불할 것이며, 스님에게 단 몇 알의 곡식이나 한 푼의 돈을 시주하는 중생은 수기를 받아 장차 성불할 것이며, 스님의 옷이나 신발 그리고 하찮은 것이라도 시주하는 중생은 수기를 받아 장차 성불할 것이며, 스님이 쉴 곳이나 잠자리를 마련해 주는 중생은 수기를 받아 장차 성불할 것입니다. 자 이제 저는 가겠습니다."

말을 마친 관세음보살은 몸에서 눈 부시는 찬란한 빛과 향기를 거두고 다시 흉측한 문둥이 여인이 되더니 문을 열고 나온다.

두 사람의 제자는 뜰 밑에서 땅에 머리를 박고 그 여인이 일주문 밖을 나갈 때까지 머리를 들지 못한다.

다음날 경허스님은 평소와 다름없이 법문을 하시고 새 옷과 미투리, 바랑을 준비하라 하신다. 며칠 후 옷이 준비되자 바랑을 짊어지고 염주를 목에 걸고 천장사를 떠나면서,

"너희들이 해준 새 옷과 바랑, 미투리를 신었으니 이제 중생을

만나러 가야겠다."

이런 말을 하고서 천장사를 떠났다. 그렇게 하여 경허스님은 오랫동안 주석하며 제자를 가리치고 수행하던 천장사를 떠나 도량 밖 중생들을 찾아 떠났다.

스님이 열반하기 전, 몇 년 동안은 어느 마을에 버려진 토굴 같은 곳에서 서당을 열어 아이들을 모아 글을 가르치는 훈장 노릇을 하며 살았다. 스님은 머리와 수염을 기르고 옷도 승복이 아닌 속복을 입고 살았으며 훈장노릇을 하면서도 그 대가를 받지 않아 이 마을 저 마을에서 아이들이 모여들었고 그 부모들은 옷이며 반찬, 땔나무와 짚신을 만들어 왔으며 흙 바른 벽이 떨어지면 집을 수리해 주었고 때로는 그들의 집으로 초청해 음식을 대접했다. 스님은 그러한 모든 보살핌과 대접을 달게 받았다.

어느 날 나이가 제일 많은 아이에게,

"내가 사흘 후에 세상을 떠나거든 이 염주와 함께 뒷산에 나를 묻어라. 내가 죽은 후 삼 년이 되면 만공과 혜월이란 두 스님이 나를 찾아 올 것이다. 그들에게 내 산소를 알려주면 내 무덤에서 이 염주를 보고 자신들의 스승임을 알게 될 것이다."

스님이 돌아가시고 삼 년이 되자 만공과 혜월스님이 경허스님의 유골과 염주를 수습해서 천장사로 돌아가 다비(시신을 태워 화장)했다.

관세음보살의 화신 - 수월스님

수월스님은 천장사 경허스님의 맏상좌로 계셨다. 뒷날 만공스님은, '수월 형님만 생각하면 가슴이 뛰고 눈시울이 뜨거워진다' 했다.

조계종 초대종정을 지낸 효봉스님과 초대 총무원장을 하신 청담스님도 젊은 시절 각기 북간도로 가서 수월스님을 만나고 왔다 한다. 효봉스님은 수월스님은 평생을 머슴처럼 일을 했으며 수월스님이 만들어주는 짚신은 다른 짚신보다 단단했으며 두 배는 더 오래 신을 수 있게 질겼다고 한다.

수월스님의 부친이 결혼을 했으나 오랫동안 자식을 보지 못했는데 어느 날 산에서 나무를 하던 중 포수에게 쫓기는 노루를 자신이 모아둔 나뭇잎으로 덮어 숨겨주었다. 그렇게 살아난 노루는 포수가 멀리 가자 옷소매를 물고 끌어 따라가 보니 다른 곳은 눈이 쌓여 있는데 어느 양지바른 곳에는 눈이 녹아 있는 것이다. 그는 그것을 표시해 두었다가 봄이 되자 부모님의 산소를 그곳으로 옮겨 합장合葬을 했다고 한다. 산소를 옮기고 일 년 후 아내가 아들을 낳았다. 그 아들이 수월스님이라 했다.

수월스님은 글이나 법문 하나도 남기지 않았다. 그래서 그런지 근래의 고승 중 거의 알려진 것이 없지만 선승으로 한국불교계의 고승 중의 한 분으로 존경의 대상이고 수월스님에 관한 이야기는 여기저기 단편으로 흩어진 자료를 수집해 정리한 실화이다.

스님은 어려서 조실부모하고 남의 집 머슴살이를 하며 살았다고 한다. 스님이 출가하기 전 머슴살이를 하던 중 부처님 꿈을 여러 번 꾸었다고 한다. 수월스님은 천장사 아래 마을에서 머슴살이를 했는데 하루는 주인의 심부름으로 천장사에 왔다가 대웅전에 모셔진 부처님이 꿈에서 본 그 부처님인 것이다. 스님은 무엇에 이끌리듯 대웅전에 들어가 부처님께 절을 하면서 자신도 모르게 눈물이 쏟아지며 오랫동안 엎드려 흐느껴 울었다고 한다.

그후 머슴살이를 그만두고 천장사로 들어와 출가했다. 천장사에 들어온 수월스님은 천장사의 머슴인양 온갖 궂은 일을 도맡아 했다 한다. 나무를 해서 천장사의 땔나무를 혼자서 감당했으며 땔나무가 모아지면 홍성장과 해미장까지 지고나와 팔아서는 그 돈으로 쌀이며 보리쌀, 콩 등을 사서 짊어지고 돌아와 천장사 식구들을 먹여 살리다시피 했다 한다.

낮이면 나무를 하거나 밭일을 했으며 밤이면 천장사 아래쪽에 있는 물레방앗간에서 밤늦도록 방아를 찧었다고 한다. 물레방아는 디딜방아와 달리 돌확(돌로 만든 절구) 속에 곡식을 넣고 방아공이가 떨어졌다. 올라가면 확 속의 곡식을 저어주기만 하면 된다. 저 혼자 방아를 찧는 것이다. 당시 천장사 만상좌였던 태허스님이 출타했다가 돌아오는데 물레방앗간 가까이와도 물은 계속 쏟아지는데 방아 찧는 소리가 들리지 않았다. 이상한 생각이 들어 방앗간 안을 들여다보고 소스라치게 놀라고 말았다. 수월이 돌확 속에 머리를 박은 체 잠들어 있는 것이 아닌가!

피곤을 이기지 못해 마치 어린아이처럼 잠든 것이다. 머리 위에선 머리를 가루로 만들 것처럼 방아공이가 떠 있었다. 물이 흘러내리면 저절로 떨어졌다 올라갔다 하는 방아공이가 공중에 올라가 내려오지 않는 것이다. 너무도 놀란 태허스님이 얼른 달려가 수월스님의 머리를 잡아 돌확 밖으로 끄집어냈다. 그러자마자 방아공이는 무서운 기세로 쿵쿵 소리를 내며 돌확 속을 내려찍는 것이다.

'어찌 무성無性 무형인 물레방아가 자연을 거스르며 멈춰 있었단 말인가! 이것은 틀림없는 부처님의 가피로 수월을 지켜주었구나.' 이런 생각을 했다.

태허스님은 수월을 몰라보고 너무 소홀했다고 자책하며 경허스님께 사실을 말하고 수월에게 사미계를 주었다고 한다.

경허스님은 수월이 손을 놓으면 절 살림이 어려운 것을 알지만 일만 시킬 수는 없었다. 천수다라니千手陀羅尼와 육자진언六字眞言을 알려주고 일만 하지 말고 열심히 염송하며 참선을 하라고 했다.

수월스님은 늘 육자진언을 염송하였다고 한다. 그것을 잘 아는 경허스님은 별도로 시키는 일은 없지만,

"염송만 하지 말고 부처님께 절도 많이 해야 하느니라. 너는 전생에 부처님과 깊은 인연이 있던 것으로 보이는구나."

수월스님은 하루 일을 끝내고 잠자리에 들기 전에 대웅전에 들어가 부처님께 수없이 많은 절을 올리고 늦은 밤 천장사 식구들이 모두 잠든 뒤에 여기저기 사찰 경내를 두루 살피고 뒤늦게 잠자리에 들었다고 한다.

다음 날 새벽, 제일 먼저 일어나 불을 지피고 도량 여기저기를 청소하였다. 스님은 한 번도 그 일을 쉬거나 남이 하도록 내버려두지 않았다고 한다. 그런 것 때문인지 여러 후배스님들은 수월스님을 어머나나 친형처럼 생각했다고 한다.

경허스님은 그런 수월스님에게,

"모든 일을 너 혼자 하지 말고 아래 동생들에게도 시키거라."

"네, 스님. 걱정마세요."

그렇게 대답을 하면서도 누구에게도 시키는 일 없이 묵묵히 모든 일을 혼자서 해내는 것이다. 만공이나 혜월 등이 일을 거들라 치면 이렇게 말했다.

"그만두고 가서 공부나 해라. 나 혼자해도 되는 일이야."

이처럼 수월스님은 그들을 동생처럼 아끼는 것이었다.

어느 날 만공스님이 심한 감기몸살로 열이 나고 두들겨 맞은 것처럼 전신이 쑤시고 아프다며 자리에 눕게 되었다. 수월스님은 그

옆을 떠나지 않고 물수건을 갈아주고 따뜻한 물을 끓여 마시게 하며 밤을 지새우며 수발을 하였다.

"형님, 저는 괜찮으니 좀 주무세요."

"열이 불덩이 같고 끙끙 앓는 소리를 하면서도 괜찮다는 말이 나와?"

"몸살에 잣죽이 좋다 해서 시주님께 부탁했더니 좀 가지고 왔구나. 조그만 기다려, 죽이 다 되어 가니."

잠시 후 죽 그릇을 들고 와서,

"가만 누워 있어. 내가 먹여 줄게."

"형님, 저 팔다리는 성해요. 제가 떠먹을게요."

"시키면 시키는 대로 해. 간병하는 사람 정성으로 병이 도망간다는 거야."

그런 정성 때문인지 이튿날 많이 좋아졌다. 만공스님은 수월스님을 어머니나 형처럼 의지했다. 그래서 뒷날 만공스님은 수월 형님만 생각하면 가슴이 뛰고 눈시울이 붉어진다고 했다. 경허스님이 천장사를 떠난 몇 년 후 수월스님도 천장사를 떠났다.

그 스승에 그 제자라 그런지 수월스님도 염주를 목에 걸고 바랑 속에는 짚신 몇 켤레만 넣고 절을 떠났다. 혜월스님 등은 어머니를 떠나보내는 기분이라 서운하고 근심스런 모습으로,

"형님! 어딜 가시게요. 큰 스님도 안 계시고 형님마저 떠나시면 우린 누굴 믿고 삽니까. 제발 눌러 계시지요."

"이놈들아, 누굴 믿기는……. 부처님을 믿고 살면 되지. 따로 누굴

믿는단 말이야. 만나면 이별하기 마련이야. 그것이 빨리 오느냐, 늦게 오느냐의 차이뿐이야."

그렇게 해서 수월스님도 천장사를 떠나 북녘땅 여기저기를 떠돌며 만행하시다가 일본이 우리나라를 강점한 초기 무렵인 1912년 북간도로 가셨다고 한다. 스님이 북간도로 가기 전 북녘땅을 떠돌던 때의 일이다. 대다수의 사람들은 스님을 목탁든 거지로 보았다. 혹 인심 좋은 사람을 만나면 옷과 음식을 시주받기도 했으나 냉대를 받으며 유랑했다.

가끔은 남의 집 사랑방 한 구석에서 새우잠을 자기도 하지만 거의 헛간 풀 더미 속에서 밤을 세거나 집단이나 옥수수 가리(스무 단이 한 가리)를 쌓아 놓은 들판이나 인적 드문 산골짜기 나무 등걸을 기대고 잠을 청하는 날이 대부분이었다. 여름에는 그런 데로 지낼 만 하지만 눈이나 비가 오거나 겨울철 살을 에는 추위에는 견디기 어려웠다.

그러한 스님의 방랑생활 자체가 수행이었다.

추운겨울 나무 사이에서 마른 풀을 이불삼아 벌벌 떨고 있으면 여우인지 늑대인지 알 수 없는 짐승 서너 마리가 나타나 스님의 몸을 감싸주어 함께 밤을 세기도 했다.

어느 날 굶주림으로 거동을 못하고 있는데 무엇에 쫓기는지 머리에 광주리를 인 여인이 허겁지겁 달려와서 광주리를 내려놓으며,

"스님이시군요. 이 음식을 드세요. 이 근처 부모님 산소에 왔다가 스님을 만났군요. 산에 가지고 왔던 음식을 도로 가져가기가 좀

그래서 그러니 괜찮으시다면 드시죠."

그 광주리 안에는 하얀 쌀밥과 나물반찬, 과일과 고기에 술까지 들어 있었다. 몹시 굶주린 상태에 이와 같은 진수성찬을 먹게 되다니 이게 몇 년 만인가. 굶주림으로 영양실조가 될 때는 고기와 술은 약이 된다. 스님은 그 음식을 남김없이 모두 먹었다.

"고맙습니다. 정말 고맙습니다. 오랜 만에 진수성찬을 먹게 되었습니다."

"스님이 맛있게 드시니 고맙습니다. 실은 이 등성 너머에 산소가 있는데 제사를 올리고 나서 음식을 챙겨 광주리를 머리에 이자 사나운 늑대가 나타나 으르렁 거리며 노려보기에 다른 길을 가려고 하면 앞을 막아서고, 또 다른 길을 가려고 하면 앞을 막아서더니 스님이 계시는 쪽으로 발길을 돌리자 어디론가 사라지더군요. 그래서 허겁지겁 이리 오니 배가 몹시 고파 보이는 스님을 보고, '아! 제사 음식을 배고픈 스님에게 드리라고 그 짐승이 나를 이리로 보냈구나' 하는 생각이 들더군요. 세상에 별일이 다 있네요."

이런 말을 남긴 여인은 빈 그릇을 챙겨 머리에 이고는 길도 없는 산길을 내려가는 것이다.

하루는 비탈진 산을 내려가다가 미끄러지면서 날카로운 나뭇가지에 그랬는지 발목을 크게 찢겨 피가 계속 흐르고 통증도 심했다. 주저앉아서 상처를 누르고 있는데 뱀 한 마리가 입에 이름 모를 풀을 한 입 물고 와서 스님 앞에 두고 가는 것이다. 스님은 빙그레 웃으며 그 풀잎을 입으로 씹어서 상처에 붙이니 차츰 통증이 가시며 피가 멈추는 것이다.

다음날 동여맨 상처를 풀어보니 살과 살이 붙어서 거의 다 나아 있었다. 그렇게 몇 년을 떠돌며 수행한 끝에 북간도로 향해 가던 중 어느 마을이 내려다보이는 작은 암자에서 저녁공양을 하고 날이 어두워 그 암자에서 하룻밤 자고 가기로 했다.

한밤중에 아랫마을 사람들이 대야며 함지박 물동이 등을 들고 몰려와 스님이 자고 있는 방문을 다짜고짜 활짝 열고는 방을 살피는 것이다. 잠을 깬 스님이,

"무슨 일이신가요, 이 밤중에?"

"스님, 죄송합니다. 우리는 저 아래 마을에 사는 사람들인데 한밤 중에 이 암자에 불이 난 것처럼 환한 빛이 비치기에 달려와 보니 그 빛이 스님 방에서 비쳐 이렇게 무례를 했습니다. 용서하십시오."

마을 사람들은 몸에서 빛을 발하는 스님을 다시 한 번 우러러 보고는 마을로 내려가는 것이다. 이튿날 마을사람들은 손에 쌀과 과일, 양초를 챙겨들고 암자로 몰려와서 스님을 찾았다. 하지만 스님은 이른 새벽 몸을 숨기듯 암자를 떠나고 없었다.

스님이 북간도에 거의 도착할 무렵 짐을 잔득 짊어진 길손을 만났다. 그 길손은 옷감 장사를 한다며 필묵 뭉치를 잔득 짊어지고 땀을 뻘뻘 흘리며 가고 있었다. 스님이 보기가 하도 딱해서,

"여보시오. 짐이 무거워 보이는데 내게 좀 덜어주시면 제가 져드리 리다."

"괜찮습니다. 제 걱정 마시고 앞서 가세요."

"나는 빈손이니 몇 뭉치만 주시면 들어다 드리지요."

"걱정 마세요. 스님. 이걸 내렸다가 다시 짊어지는 것도 쉽지 않습니다."

"정 그러시면 이 지팡이를 짚고 가세요. 힘이 좀 덜 들 겁니다."

"그럼, 그래 볼까요."

옷감장사는 스님의 지팡이를 받아들고 갔다. 잠시 후 그는 신기하다는 표정으로 스님을 돌아보며,

"스님! 지팡이를 짚고 가니 짐이 전혀 무겁지 않군요. 마치 빈 몸 같이 가볍습니다. 보세요. 제가 허리를 피고 가지 않습니까? 스님은 혹시 도인이신가요?"

"하하하! 짐이 가벼워졌다니 다행이군요. 저는 그저 떠도는 객승입니다."

"스님, 정말 스님의 지팡이는 신기하군요. 짐을 지고도 빈 몸 같으니 이런 경우도 있나요? 등에 진 짐이 공중에 뜬 것 같습니다. 그런데 스님은 어디로 가시는 길이신가요?"

"간도로 갑니다."

"그러시군요. 이제 간도도 한 30리 남짓 남았습니다. 간도에는 누가 계신가요?"

"아뇨. 오라는 사람도 기다리는 사람도 없습니다만, 그곳에 가서 나라 잃고 떠도는 우리 민족을 조금이라도 도와주면서 살고 싶어서요."

"그러면 스님은 독립운동을 하시나요?"

"독립운동이라니요. 그런 재주는 없습니다만 그저 우리 민족이 불쌍한 생각이 드는군요."

스님이 북간도 어느 마을에 도착했다. 그 시절에는 산적이나 불한당들이 떼로 몰려다니며 약탈과 방화를 일삼고 부녀자를 납치하기도 하던 시대다. 그래서 크고 사나운 몽고 개를 몇 마리씩 기르는 집이 많았다. 그 개들은 동네 어귀에 낯선 사람이 나타나면 주인이 소리를 질러 제지하지 않으면 떼로 몰려가서 사정없이 물어뜯었다.

그것을 모르는 수월스님은 그 마을로 들어선 것이다. 하지만 무슨 영문인지 모든 개들은 짖기는커녕 꼬리를 흔들며 수월스님 앞에 엎드리는 것이다. 동네사람들은 그 광경을 보고 하도 이상해서 잠자코 서서 스님이 가까이 오기를 기다려보니 승복은 낡아 거지꼴이고 목에는 염주를 걸고 지팡이 끝에는 목탁을 매단 스님이다. 사람들은 손을 모아 예를 드리고 말했다.

"스님은 저 사나운 짐승들도 알아보는 도인이시군요."

"그저 떠도는 객승일 뿐입니다."

"스님! 저의 집에 가서서 하룻밤 쉬어 가시지요. 저녁때가 되었으니 공양도 하시고요."

스님이 들어가 쉬는 방문 앞과 대문 앞에 몇 마리의 개가 스님을 지켜드리기라도 한 듯 도사리고 앉아서 밤을 새웠다. 그러나 그보다 기이한 것은 스님이 자는 방에서 등잔불이나 촛불과는 전혀 다른 찬란한 빛이 새어 나오는 것이다. 주인과 몇 명의 마을사람들은 하도 기이해서 스님이 혹시 밝은 불이라도 켜 놓은 가 싶어 문을 살짝 열어보니, 주무시는 스님의 전신에서 밝은 빛이 발산되고 있었다.

이튿날 스님이 떠날 때 많은 사람들이 십시일반 모아온 돈을 노자로 쓰라며 말했다.

"저희들 작은 정성이니 받아주시지요."

"아닙니다. 따뜻한 방에서 재워주고 밥도 주셨는데 그것으로 족합니다. 제가 무슨 돈이 필요한가요."

이렇게 사양하고 길을 떠났다. 스님이 마을을 벗어날 때까지 몇 마리의 개가 스님을 호위라도 하듯 그 뒤를 따른다.

스님은 북간도 어느 마을 큰길가 언덕에 버려진 집을 수리해서 큰 방 두 개와 부엌과 창고, 부처님을 모신 법당을 마련해서 그곳에서 주석하셨다. 몸에서 발하는 방광이나 신통을 안으로 숨기고 사셨지만 그 위력은 숨길 수가 없는 지, 영험한 스님이 계신다는 입소문이 금세 알려지면서 많은 신도들이 스님을 찾아와 쌀이며 땔나무와 반찬거리 등 생필품 등을 들고 와 창고에 쌓였다. 나라를 빼앗기고 조국을 떠나 북간도에 들어오는 많은 우리 동포들도 스님의 소문을 듣고 찾아왔다.

스님은 그곳에서도 쉴 틈 없이 머슴처럼 일을 한다. 그 시절에는 하루 세 끼 밥 먹는 집이 드물었다. 그래서 그런지 '조반석죽요행'이란 말이 있었다고 한다. 아침에 밥 먹고 저녁에 죽 먹는다는 말로 그것만이라도 다행이며 행운이라는 말이다.

　수월스님은 찾아오는 동포들에게 무료로 잠을 재워주고 밥을 해서 배불리 먹이고 필요하다면 노자까지 쥐어주며 감발(그때는 양말이 없고 버선이나 발을 감싸는 발싸개)을 빨아서 불에 말렸다가 주고 밤을 새워 짚신을 엮어 허리춤에 채워주며 우리 동포라면 그 누구도 가리지 않고 내 자식 내 형제처럼 돌봐 주신다.

　그 앞을 지나다니며 몇번 공밥을 얻어먹은 땅을 많이 가진 한 지주가,

　"스님을 돕고 싶어 그러니 내 땅 일부를 도지(땅을 빌려준 대가) 없이 빌려줄 터이니 농사를 지어 식량에 보태십시오."

　날마다 큰 방 두 칸이 모자라도록 나그네들이 들고나갔다. 늘 근심이 가득한 모습으로 불공을 드리러 다니는 정씨 부부가 오늘도 법당에서 기도를 드리는데 수월스님이 들어오자 주위에 다른 사람이 없는 것을 보고 말했다.

　"스님, 오늘 저녁공양은 저희 집에서 하시지요."

　"왜 그러시오."

　"스님께 꼭 드릴 말씀이 있습니다."

　"무슨……."

　"여기서는 말씀드릴 수가 없는 일입니다. 오실 수 있으시죠?"

　"그러지요."

　"고맙습니다. 꼭 혼자 오셔야 합니다."

　수월스님이 정 씨 집에서 저녁공양을 마치고 상을 물리자, 그

노부부가 윗방을 향해,

"얘야, 이리 내려와서 스님께 인사드려라."

그 말에 30대 정도되는 아낙이 스님께 큰절을 올리고 한쪽으로 비켜 앉으며 눈물을 훔치는 것이다.

"우리 며느리입니다. 작년에 아이 엄마가 되었지요. 저 불쌍한 것을 두고 아들이 마음이 변해서 2년 전에 집을 나가더니 불한당 패거리와 어울려 다니면서 불한당 짓을 합니다. 며늘아기가 만삭이 됐을 때 한밤중에 잠시 집에 와서 불한당이 된 것을 알았습니다. 그때 저 아이가 남편에게 매달려 울고불고 우리 두 내외도 극구 말렸지만 다시 패거리를 따라 갔습니다. 이 사실은 아무도 모릅니다. 오늘 스님께 처음 말씀드리는 겁니다. 그동안 정성을 다해 부처님께 기도를 드렸으나 아무런 영험이 없어 스님께 이렇게 말씀을 드립니다."

"아드님 이름이 어떻게 되나요?"

"정현철이라 합니다."

"그동안 부모님께서 정성을 들였으니 머지않아 부처님 가피가 있을 겁니다. 저도 부처님께 기도하겠습니다."

"그래 주시면 정말 고맙겠습니다. 우리들이 드리는 불공과 스님께서 드리는 불공이 다르겠지요."

"정성이야 어찌 부모님을 따르겠습니까. 오래지 않아 좋은 소식이 있겠지요."

수월스님이 정 씨 집에 다녀온 지 보름쯤 되었다. 늦은 밤 자정이 가까이 되자 불한당 패거리 10여 명이 오더니 스님 앞에 무릎을 꿇고 손을 모아 합장하고 말했다.

"저희들은 불한당 노릇을 하고 살았습니다. 이제 마음을 바꿔 착하게 살기로 했습니다. 그래서 스님을 뵙고 부처님께 참회를 하려고 왔습니다."

"여러분 중에 정현철이란 분이 계신가요?"

"네. 제가 정현철입니다만, 스님께서 제 이름을 어찌 아시는지요?"

"다 아는 수가 있지요. 그건 그렇고 여러분이 진심으로 참회한다면 그 죄업은 모두 소멸된다고 부처님께서 말씀하셨습니다."

"정말 부처님께서 그런 말씀을 하셨습니까?"

"어찌 부처님 말씀에 거짓이 있겠습니까. 진심으로 참회하고 다시는 죄업을 짓지 않기로 부처님께 약속한다면 그 죄업은 즉시 소멸됩니다."

스님은 그들을 법당으로 안내해서 부처님 앞에 앉게 하고 금강경을 독송하신다. 그들은 스님의 독경소리에 감동이 되었는지 스님의 덕화에 감동이 되어서 그런지는 알 수 없지만, 그동안 쌓인 죄업을 씻어내기라도 한 듯 목 놓아 통곡을 한다. 그후에도 수월스님은 들어오고 나가는 동포를 위해 머슴인양 정성을 다해 보살핀다.

어느 날 제자를 불러서 말씀하셨다.

"이제 세상과 인연이 다되었으니 떠나야겠다. 너희들은 내가 없더라도 이곳을 지키며 부지런히 불법을 익히고 찾아오는 모든 사람들을 차별 없이 도우며 내가 있을 때와 똑같이 꾸려 나가기 바란다. 나를 찾지 말거라. 며칠 후면 자연히 알게 될 것이다."

그 말을 남기신 스님은 지팡이를 들고 입던 누더기 옷 그대로 어디론가 가셨다. 며칠 후 어느 사람이 산속 개울가 바위에 수월스님으로 보이는 분이 며칠째 그대로 앉아계신다는 말을 듣고 달려가 보니 스님은 가부좌한 자세로 앉아 계시지 않는가. 가까이 가서 살펴보니 스님은 그렇게 앉은 채로 열반에 드셨다.

사람들에게 속기만 한 도인
- 혜월선사

혜월스님이 절 앞 황무지를 논으로 만든다면서 큰 돌, 작은 돌들이 깔려 있는 수백 평 열 마지기 정도 되는 넓은 땅에서 돌을 주어 나르고 높은 곳의 흙을 파서 낮은 곳으로 옮기는 등 거드는 사람 없이 혼자 매일 나와 일을 한다. 그 땅이 논이 된다면 일 년 수확이 벼 열 섬(쌀 10가마) 정도는 충분히 될 것 같았다. 쌀 열 가마에 조금만 보태면 절 식구 일 년 양식은 될 것이다.

혜월스님은 절식구들이 말리는 것을,

"너희들은 시키지 않을 것이니 걱정마라. 나 혼자 놀며놀며 개간해 보련다."

하면서 지난해 가을부터 거기에 매달려 중노동을 하는 것이다. 말은 놀며놀며 한다고 하면서 쉬는 것을 못 봤다. 그래서 논은 하루가 다르게 논다워지는 것이다.

그 즈음 조선총독부 미나미가 혜월스님이 도를 통한 도인이란 소리를 듣고 부하 두 명과 지방 도지사 등 수행원들을 대동하고 찾아왔다. 조선 총독이 직접 찾아왔다면 으레 안으로 모셔서 방석을 내놓고 깍듯이 모셔야 할 것인데도 혜월스님은 너는 왔구나. 나는 일한다는 태도로 일손을 멈추지 않았다. 일본 도지사가 가까이 오면서 '총독 각하가 오셨습니다'라고 알려 주었음에도 불구하고 못 들은 척 하는 혜월스님을 향해 말했다.

"당신이 혜월이오, 총독 각하가 오셨다는 말을 못 들었소?"

"그 말을 듣긴 했소만, 난 당신들을 오라고 초대한 적이 없소이다. 여기는 내 절이고 내 땅이오. 내 땅에 초대하지 않은 손님을 내가 안내하든, 안 하든 내 맘이오."

이건 지나가는 일반 행인에게나 하는 말투이며 마치 조선 땅에서 물러가라는 말투이다. 그 말에 미나미 총독은 서투른 조선말로 말했다.

"하하! 미안스럽습니다. 방문을 미리 알려 드리고 찾아뵈어야 할 것을 이렇게 불쑥 찾아와서 미안스럽습니다."

혜월스님은 그제야 일손을 멈추고 얼굴에 기름기가 번들거리는 미나미 총독을 바라보며 말했다.

"무슨 일로 나를 찾아 오셨소?"

"스님께서 견성하신 도인이란 소문을 듣고 가르침을 받을까 해서 찾아왔습니다."

"내 나라 조선 백성도 못 가르치고 있는데 남의 나라 사람을 가르친단 말이오. 잘못 찾아오셨구려."

일본과 조선은 하나라고 그렇게 선전을 했는데도 대놓고 편을 가른다.

도지사가 나섰다.

"그렇지만 이건 너무하지 않소. 총독 각하를 안내를 해서 모셔야 될 거 아니오."

"총독 각하야 당신들이 잘 모시지 않소. 이 절은 워낙 누추해서 총독님을 모실만한 곳이 없습니다. 그러니 노여움을 푸시고 그만 돌아가시지요."

미나미 총독은 더 있어 봐야 망신만 당할 것 같았는지,

"돌아갑시다. 다음 기회에 찾아오지요."

혜월스님은 아무 일도 없는 듯 계속해서 돌을 나르고 흙을 파옮긴다.

이튿날이다. 대웅전에서 예배를 드리고 있는데 어제 총독과 함께 왔던 도지사가 밖에 수행원을 세워 놓고 칼을 빼들고 법당으로 성큼 들어오더니 혜월스님의 목을 겨누며,

"당신이 도인이면 도인이지 감히 총독 각하를 무시하고 홀대를 해! 내 오늘 너의 목을 베러왔다."

혜월스님이 천천히 돌아보며 도지사의 눈과 마주치자 도지사는 온몸에 힘이 빠지는지 칼을 떨어뜨리며 그 자리에 털석 주저앉는다. 얼굴은 백지장처럼 창백해지면서 눈은 멀거니 뜨고 손가락 하나 까딱 할 수 없는지 꼼짝 못하고 쓰러진다. 그 광경을 본 스님의

제자들이 달려들어 팔과 다리를 주무르고 입에 물을 넣어주며 가슴을 쓸어내린다. 그래도 깨어날 기미가 보이지 않는다. 잠시 바라보던 혜월스님이 도지사의 머리에 손을 갖다 대자 차츰 얼굴에 화색이 돌며 정신이 드는 듯 했다. 물을 몇 모금 마시더니 정신을 차렸는지 벌떡 일어나 혜월스님 앞에 절을 올리며 무릎을 꿇고,

"스님, 용서하십시오. 미혹한 중생이 도인을 몰라보고 큰 죄를 저질렀습니다. 용서하십시오."

"그만 일어나시오. 나보다도 부처님께 용서를 구하시오."

그런 말을 남기고 스님은 법당을 나선다. 도지사는 다시 일어나 부처님께 여러 번 절을 올린다. 밖에 서 있던 수행원들도 법당으로 들어와 앞 다투며 절을 올리고 각기 시줏돈을 불전함에 넣고 나간다. 그후로 도지사는 자주 혜월스님을 찾아와서 깍듯이 절을 올리고 법당에 들어가 부처님에게도 정성을 다해 절을 올린다.

그는 뒷날, 혜월스님의 목에 칼을 들이대다 혜월스님이 돌아보시며 자신과 눈이 마주치자 번개가 번쩍하면서 벼락이 내려치며 온몸이 굳어지며 숨도 제대로 못 쉬고 손가락 하나 움직일 수 없었다는 것이다. 곧 죽음 직전에 스님의 손이 자신의 머리에 닿자 전신에 따뜻한 온기가 돌면서 차츰 정신이 들더라고 했다. 그래서 도인을 해하려고 하면 천벌이 된다는 것을 몸소 체험했다며 그 말을 두고두고 했다.

혜월스님은 위로 수월 형과 아래로 사제인 만공과 함께 천장사에서

경허스님을 스승으로 모시고 낮에는 나무나 방아 찧는 일을 하거나 수월 형님을 도우며 만공과 함께 절일을 하고 밤이면 염불을 하거나 참선을 하며 수행을 게을리 하지 않았다. 수월과 혜월, 만공 세 스님은 경허스님 밑에서 공부할 때가 가장 좋은 추억으로 남는다며 뒷날 추억담을 나누었다고 한다.

그들은 마치 친형제처럼 장난도 치고 서로 보살펴 주면서 때로는 경허스님의 야단도 맞으면서 살아온 추억일 것이다.

어느 날 경허스님은 그들 세 사람을 보고 말했다.

"너희들 세 사람은 전생에 한 도반이었다(도를 공부한 친구나 동료). 이생에서 다시 만났으니 게으름 피우지 말고 부지런히 수행해서 도를 얻어 열반에 들도록 해라."

그 말을 듣고 그들은 더욱 분발하여 공부에 전념하였다. 경허스님은 혜월에게 보조국사의 수심결(修心訣)을 가르쳐 주고 경전을 통하여 한문을 가르쳤다. 머리가 영리한 혜월은 쉽게 한문을 터득하였다. 그리고는 '나무아미타불'을 염송하라는 경허스님의 말씀에 항상 일심으로 염송을 했다. 잠들기 전에는 쉬지 않고 염송했다. 어느 때는 꿈속에서도 나무아미타불을 부르기도 했다. 그런 덕으로 선정에 들어 무한한 허공계의 세계를 경험하기도 하고 때로는 세상의 이치가 환하게 보이기도 했다.

혜월스님은 덕숭산 인근 덕산에서 태어나 12살 때 정혜사에서 출가했다. 스님의 어머니는 하루는 하늘의 별이 유난히 반짝이더니 그 한 가운데에 있는 별이 뚝 떨어지며 배 속으로 들어오는 꿈을 꾸고 혜월스님이 태어났다고 했다.

혜월스님이 갓난아이 때 어머니 젖이 좀 부족해서 몸이 다른 아이들보다 왜소했다. 그래서 이웃에 사는 다른 애기 엄마의 젖을 얻어 먹이기도 했다. 그래서 그런지 자주 울었다고 한다. 울다가도 멀리 절에서 종소리가 들리면 울음을 그치고 그 종소리를 들었다고 한다. 종소리가 안 들리면 다시 울었는데 그런 일이 반복되었다. 그래서 부모님은 항상 이렇게 말했다고 한다.

"이 아이가 자라면 절로 보내서 스님이 되도록 합시다."

병아리가 알 속에서 나오려 할 때 어미닭이 그 소리를 듣고 밖에서 같이 쪼아주면 병아리가 알을 깨고 나와 부화한다. 일만 하던 혜월스님이지만 오랫동안 아미타불을 염송해 왔으므로 전생의 선기와 현생의 정성이 무르익어 업장이 녹아내릴 때를 경허스님은 아는 것이다. 제자가 알을 깨고 나올 때를 아는 것이다.

일을 중단하고 천장사 옆 바위굴에 들어가 열흘간 잠을 자지 말고 수행하라 하며 다음과 같은 말을 해준다.

"씨가 없는 물건을 심었는데 싹이 나와 꽃을 피우고 열매가 달리는 도리가 있으며 보고 듣고 말하고 움직이는 이놈이 누군가를 아느냐?

너에게 무無자를 줄테니 참구하라."

일만 하던 혜월에게는 열흘 동안의 시간은 황금 같은 시간이다. 보통사람은 하룻밤만 잠을 못자도 눈꺼풀이 천근만근 무거워 견딜 수 없는 일이지만 혜월은 그 동안의 염불수행과 참선수행으로 열흘 동안 잠을 자지 않고 용맹정진을 하였다.

경허 스승은 제자의 그런 선기를 길러준 것이다. 기초를 단단하게 다져준 것이다. 열하루가 되는 날 아침, 누군가 바위굴 입구를 가린 거적을 밖에서 잡아 젖힌다. 바위굴 속이 환하게 밝아지면서 천지가 무너지며 의심덩어리가 박살나면서 앞이 환해지며 바위굴이 사라지는 것이다.

경허스님이 들어오신다.

"너는 지금 어디 있느냐?"

"바다에 고기가 뛰고 있습니다."

"어디로 갈 것인가?"

"진흙소를 타고 강을 건너갑니다."

"무엇이 보이느냐?"

"새 한 마리가 태산을 물고 날아갑니다."

경허스님은 그 자리에서 혜월의 견성을 인가했다.

"가거라. 보림을 잘 하거라. 드러내지 말고 감추어라."

혜월스님은 절 앞 황무지를 계속 개간하고 있었다. 하루는 40대 중반쯤 되는 사람이 그 앞을 지나다가 혜월스님이 일하는 모습을 보고 있다가 말을 했다.

"스님! 제가 좀 거들어 드릴까요?"

"댁은 뉘시오?"

"저 아랫마을에 살고 있습니다만 집이 워낙 가난하다보니 양식이 떨어진 지 사나흘 됩니다. 여기저기 일자리를 찾아다녀 보았습니다만 일거리가 없군요. 제게 일을 시키시고 요기라도 하도록 해주시면 고맙겠습니다."

말을 듣고 살펴보니 그는 배가 등에 붙었고 기진한 모습이 며칠을 굶은 모습이 완연했다.

"허~ 그거 딱한 일이구려. 잠시 거기 앉아서 기다리시오. 사미승이 점심을 가지고 올 테니 그거라도 드시고 배를 채운 다음 일을 해도 하시오."

"고맙습니다. 스님!"

그는 풀섶에 주저앉는다. 잠시 후 사미승이 보리밥과 된장국 등 점심 바구니를 들고 와 놓고 간다. 혜월스님은 얼른 일손을 멈추고 나가 점심 바구니를 그 사람 앞에 놓아 주며 말했다.

"자, 드시오. 나는 아침을 든든히 먹어 별 생각이 없으니 남기지 말고 많이 드시구려."

"고맙습니다."

그 사람은 보리밥 한 그릇과 된장국 배추 겉절이를 게 눈 감추듯 먹어 치운다.

"가족이 몇이나 되나요?"

"안식구하고 삼 남매입니다."

"집에 가족들도 굶고 있겠네요."

"제가 집을 나올 때 양식이 떨어진 걸 보고 나왔습니다."

"집은 언제 나왔나요?"

"오늘이 삼 일째 되나봅니다. 어디 가서 양식이라도 구해본다고 나왔지만……."

"허, 그거 딱한 일이군요. 일은 내일부터 하기로 하고 오늘 밤늦게 지게를 지고 이 절로 오시오. 절 뒤편에 살림집이 있으니 그리로 오시오. 내 거기서 기다릴 테니."

"무슨 일로 그러시나요?"

"일을 하려면 품삯을 받아야 하잖아요. 내 품삯으로 쌀 한 가마니를 미리 드릴 테니 꼭 오시오."

"아, 네. 감사합니다."

"한밤중에 와야 합니다. 절식구들이 알면 못 주게 할 테니 모두 잠든 뒤에 와야 합니다……."

"네, 그렇게 하겠습니다."

절에도 양식이 다 떨어져 간다는 것을 혜월스님도 잘 알고 있다. 그래서 절식구들 몰래 주려는 것이다.

그날 밤 자정쯤 그 사람이 왔다. 두 사람은 도둑처럼 살금살금 쌀독을 열고 보니 쌀이 한 가마가 채 되지 않았다. 쌀독 옆에 보리쌀 독이 있어 그걸 열어보니 거기도 보리쌀이 얼마 남지 않았다. 우선 쌀을 담고 보리쌀도 부어 어느 정도 한 가마니 정도 되었다. 두 사람은 살금살금 절을 빠져 나온다. 혜월스님은 자기 절 쌀이지만 그걸 훔쳐내는 것이 여간 어렵지 않은 일이라 생각되었다. 쌀을 짊어진 사람이 무사히 절을 빠져나가자 혜월스님은 안도의 숨을 쉬고 아무 일도 없었다는 듯 방으로 들어간다.

이튿날 절이 발칵 뒤집혔다. 아침거리도 없이 어느 놈이 쌀이며 보리를 모두 퍼간 것이다. 문을 자물통으로 잠가 놓았는데 부서진 흔적도 없이 열쇠로 열고 얌전하게 가져간 것이다. 공양간을 담당한 스님이 혜월스님 방으로 달려오더니 말했다.

"스님! 큰일났습니다. 아침거리도 남기지 않고 도둑이 들어서 쌀과 보리를 모두 훔쳐갔습니다."

"걱정 말아라. 부처님이 굶게 하지는 않을 것이다."

"스님은 무엇을 믿고 그리 한가한 말씀을 하십니까?"

"당장 아침을 굶어야 합니다."

"이놈아! 아침 한때 굶는다고 죽느냐! 걱정마라."

그날 오후쯤 어느 부잣집에서 시주로 쌀 한 가마에 밀가루와 향초 등을 절 아래 공터까지 소달구지에 싣고 와서 운반해 주고 갔다. 아침과 점심을 굶은 절식구들은 그 쌀로 밥을 하고 밀가루로 전을 부쳐 모두 배불리 먹었다.

그런데 혜월스님은 난데없이 웬 낯선 사람을 데리고 개간 일을 하는 것이다. 언제부터 아는 사이인지 서로 다정하게 이야기를 주고받으며 돌을 주워 나르고 흙을 파 옮기는 것이다.

혜월스님은 절 대중을 먹여 살리기 위해 가는 곳마다 농토를 개간했다. 밭이며 논을 손수 만들었다. 논이 귀한 산촌사람들은 스님이 개간한 논을 탐냈다. 아랫마을에 사는 황 씨라는 사람이 스님을 초청하고 말했다.

"저희들 식구는 대식구입니다. 위로 증조할아버지와 할머니가 계시고, 아래로 줄줄이 딸린 식구가 해마다 보릿고개가 되면 굶주려서 온 식구가 부종(굶으면 몸이 부는 병)이 나서 큰 고생들을 합니다. 특히 늙으신 증조부모님도 그렇지만 어린 새끼들이 불쌍해서 그럽니다. 스님이 개간한 논이 열 마지기가 된다고 들었습니다. 제가 열두 마지기 값을 쳐드릴 테니 제게 파시지요."

늙으신 부모와 어린 자식들이 불쌍해서 라는 말에 스님은 선뜻 팔기로 했다. 그것이 스님의 약점이었다. 스님도 보릿고개를 겪어보았고 굶어서 부종이 나면 다른 병(합병증)이 생겨 사람이 죽는 것도 보았다. 스님은 돈을 받아가지고 절로 돌아와서 개간한 열 마지기 논을 열두 마지기 값을 받고 팔았다며 절식구들 앞에 돈을 내놓았다. 돈을 세어본 절식구들이 말했다.

"이것이 어째 열두 마지기 값입니까? 지금 시세로 다섯 마지기 값도 안 됩니다. 그놈이 스님을 속인 겁니다. 갖다 주고 없던 일로 합시다."

"허허허! 이미 판 것을 도로 돌릴 수 있느냐?"

"보아라. 저기 논 열 마지기는 그대로 있고 다섯 마지기 값이 이렇게 돈으로 둔갑되어서 너희들 손에 있지 않느냐?"

혜월스님의 계산법은 그렇게 달랐다. 논을 산 황가란 사람이 스님의 자비심을 알고 세상물정을 모르는 순진무구한 스님을 속인 것이다.

스님이 마지막으로 계시던 곳이 부산 백양산 선암사였다. 어느 날

하던 대로 땔감으로 솔방울을 주우러 간다며 자루를 들고 뒷산으로 가시더니 오실 때가 되었는데도 안 오시는 것이다. 절식구들 몇몇이 산으로 올라가 보니 스님이 소나무 아래서 가지에 달린 솔방울을 쥐고 서 계시는 것이다.

"스님! 그만 내려가시지요."

그래도 아무 대답이 없이 그대로 계시는 것이다. 가까이 가보니 스님은 솔방울을 쥐고 서서 그대로 열반에 드신 것이다. 견성하신 고승들이 앉아서 열반했다는 말은 들었지만 서서 열반하셨다는 말은 듣지 못했다.

귀신도 속일 수 없다는 도승이신 혜월스님은 사람들에게는 늘 속으며 사셨다. 그러나 스님은 속은 것을 알면서도 화를 내거나 그를 원망하지 않으신다. 늘 그쪽 편이 돼서 그럴만한 사정이 있어서 그런 거지 할 뿐이다.

여우새끼들의 간담을
서늘하게 한 장부 – 만공선사

"여보, 어젯밤에 용이 하늘에서 빙빙 돌더니 여의주를 토하는데 그 여의주가 내 배 속으로 들어오잖아. 깜짝 놀라 깨니 꿈이었어요. 용꿈은 길조라는데 무슨 좋은 일이 있으려나?"

그날부터 열 달 후 만공이 태어났다. 아이 울음소리가 얼마나 큰지 온 마을사람들이 모두 들었다.

"아기 울음소리가 왜 그리 큰가? 커서 장군이 되려나."

이튿날 옆집사람이 만공의 아버지에게 한 말이다. 스님은 전북 태안군 태인읍 상일리에서 태어났다. 만공은 자라면서 힘이 장사였다. 가을에 타작을 해서 벼를 가마니에 담아 옮기는데 장정이 들어 옮길 수 있는 볏섬을 열한 살짜리 만공이 번쩍 들어 옮기는 것이다. 인근마을 아이들과 씨름을 하면 당할 장사가 없었다. 어른들은 씨름을 하자고 못하는 것이다. 꼬마에게 져서 나자빠지면 큰 망신이기 때문이다. 만공은 힘만 장사가 아니었다. 마음 씀씀이가 보통 아이들 하고 달랐다. 거지가 동네로 들어오면 다른 아이들은 따라다니며 작대기로 때리거나 놀려 대면 만공은 아이들 앞에 팔을 벌리고 막아서서 못하게 말리는 것이다. 아이들끼리 시비가 생겨서 서로 다툴 일이 생기면 만공을 찾아와서 자초지종을 말하고 만공에게 판단해 달라고 하였다. 그러면 양쪽 아이들 말을 들어보고 잘잘못을 가려주는 것이다. 소견이 트인 어른보다도 더 잘 판단하는 것이다. 그래서 마을사람들은 만공을 다른 아이들과 달리 보고 함부로 대하지 않았다.

12살 때 일이다. 어머니와 함께 금산사에 가서 부처님께 절을 하고 나오는데 마침 주지스님이 오신다. 어머니를 따라 합장 인사를 하고,

"스님! 부처님은 밤낮 저렇게 꼼짝 않고 앉아 계시면서 어떻게 사람들 소원을 들어주고 도울 수가 있나요?"

그 말에 주지스님은 잠시 말문이 막히는 듯 하다가,

"하하하! 부처님은 이 천지에 안 계신 곳이 없단다. 네 마음속에도 부처님은 계신단다."

"제 마음속에도 부처님이 계신다고요?"

"그렇단다. 다만 네가 그것을 깨닫지 못하고 있을 뿐이란다.

나도 모르게 부처님이 내 마음속에 계신다고요?"

"그렇단다."

그 말에 만공의 눈이 반짝이더니 어머니와 함께 일주문을 나오면서,

"엄마! 나 스님이 될 거야!"

"스님이 왜 되려고 하는 거야?"

"어차피 부처님이 내 마음속에 계시는데 스님이 돼야 되잖아. 스님이 안 되도 부처님은 내 마음속에 계시고 스님이 돼도 부처님은 내 마음속에 계시니까! 스님이 되는 것이 옳은 거잖아."

"이놈아! 스님은 아무나 되는 게 아니야. 넌 우리 집 기둥인데 스님은 안 돼. 절대로!"

장차 만공은 경허스님의 제자가 되어 수월과 혜월스님을 이어 경허스님의 선맥을 이어 도를 통하고 한국불교의 선맥을 살리고 특히 비구니 스님의 위상을 높이는데 큰 공을 하셨다. 스님의 제자는 많았다. 그중에서 고봉, 일엽, 전강선사의 제자인 숭산스님 등이 그 선맥을 이으신 분들이다. 만공스님은 제자들의 근기와 선기를 꿰뚫어보고 그 선기를 촉발시켜 도의 길에 들도록 이끌어 주었다.

부모님은 그를 서당에 보내 글공부를 시켰으나 서당에 다니면서도 별 흥미가 없어 하는 것이다. 13살 되던 해 출가를 결심하고 야반도주해서 집을 나왔다. 아버지, 어머니가 반대하실 것이 뻔하기 때문이다. 집안에 기둥이 되는 것보다 세상에 기둥이 되는 것이 낫다고 생각해서다. 집을 나선 만공은 완주 봉선사를 향해 길을 재촉했다. 봉선사 입구에 들어서자 사천왕상은 옆으로 쓰러져 있고 대웅전 출입문도 한쪽이 떨어져 비스듬히 매달려 있었다. 도둑이 들어서 그런 것 같지는 않고 관리를 안 해서 그런 것 같았다. 마침 늙은 비구니 스님이 나오셔서 물어보았다.

"이 절에는 주지스님이 안 계십니까?"

"주지스님은 몇 달 전에 돌아가시고 지금은 저밖에 없습니다. 관리를 못하고 있다 보니 이 지경이 되었습니다."

만공은 발길을 돌려 전주 송광사로 향했다. 송광사에 도착하여 노스님께 절을 올리고,

"스님, 출가하려고 왔습니다. 허락해주시지요."

노스님은 만공을 자세히 살펴보더니 말씀하셨다.

"쌍계사로 가서 진암노사老師를 만나게나. 그분이라면 자네를 스님으로 만들어 줄 것이네."

만공은 다시 논산 쌍계사로 발길을 돌렸다. 참으로 출가 인연을 만나기 어려웠다.

그 시절에는 밤길을 함부로 갈 수 없었다. 호랑이나 늑대가 웬만한 야산에도 어슬렁거릴 때다. 밤에는 남의 집 사랑방에서 신세를 지고 낮에만 갈 수 있었다. 쌍계사에 도착하여 주지스님을 뵙고,

"스님께서 진암스님이신가요?"

"내가 아니네. 그 어른은 몇 달 전에 계룡산 동학사로 거처를 옮기셨네."

만공은 다시 충남 동학사로 발길을 재촉했다. 이튿날 해질 무렵 동학사에 도착하여 진암스님을 뵙고 큰 절을 올리고,

"스님! 출가를 허락하여 주십시오. 스님을 뵈려고 전라북도에서 몇날 며칠을 몇 군데 절을 거쳐서 왔습니다."

"왜, 중이 되려고 하느냐?"

"부처님이 제 마음속에 있다고 해서 스님이 되려고 합니다."

"부처님은 네 마음속에만 있는 것이 아니라 만인의 마음속에 계신다."

"그래서 더더욱 스님이 되려고 합니다. 스님이 되든, 안 되든 마음속에 부처님이 계시다면 스님이 되는 쪽이 더 좋지 않겠습니까? 안과 밖으로 부처님을 모실 테니까요."

"허허허! 네 말도 일리가 있구나."

그래서 만공은 머리를 깎고 사미승이 되었다. 동학사에는 여러 명의 스님이 계셨다. 비구니 스님도 여러 분인 것 같았다. 날마다 경 읽는 소리가 끊이지 않았고 강원에서는 매일 법문이 있었다. 절다운 절이라고 생각되었다.

며칠 후 경허스님이 오셨다. 몇 년 전에는 경허스님이 동학사에 계시면서 강원에서 스님들을 가르쳤다고 한다. 진암스님은 경허스님에게 만공을 가리키며 말했다.

"저 아이를 데리고 가서 불교계의 기둥으로 키워보아라."

경허스님이 만공을 잠시 보더니,

"이놈! 중은 아무나 되는 줄 아느냐. 보아하니 힘깨나 쓰는 듯하니 무과를 봐서 장수나 되거라."

"저는 장수 같은 건 되기 싫습니다."

"그러면 중이 돼서 뭘 하려느냐?"

"부처님이 제 마음속에 계신다 해서 스님이 되는 게 제 소원입니다."

"허허허! 그놈 참!"

그날 밤 만공은 진암스님 방으로 가 말했다.

"스님! 전 스님 모시고 여기 있으렵니다. 아무 데도 안 갈 겁니다. 천신만고 끝에 스님을 뵙게 됐는데요."

"이놈아! 경허스님은 견성한 도인이시다. 너는 그런 분을 만나야 돼! 내 말을 듣거라."

이튿날 강원에서 법문이 있다 해서 만공도 말석에 앉아 법문을 듣게 되었다. 동학사 강주가 설법을 하셨다.

"나무도 비뚤어지지 않고 곧아야 쓸모가 있으며 그릇도 찌그러지지 않고 반듯해야 쓸모가 있으며 돌도 반듯해야 쓸모가 있느니라. 사람도 불량하지 않고 정직하고 곧아야 되느니라."

다음 날은 경허스님의 법문이 있다 해서 만공은 또 참석했다.

"나무든, 그릇이든, 돌이든, 반듯하고 곧으면 두루두루 넓게 쓰기는 좋겠지만 그런 것이 어디에서나 다 좋다고 볼 수는 없다. 삐뚤어진 나무, 찌그러진 그릇도 쓸모가 있으며 모난 돌이나 둥근 돌도 모나면 모난 대로 둥글면 둥근 대로 다 쓸모가 있으며 연꽃도 더러운 진흙탕 속에 뿌리를 내려 아름다운 꽃을 피우듯 사람도 천박하고 불량한 사람 속에도 쓸만한 사람이 얼마든지 있는 법이다."

만공은 경허스님의 법문을 듣고 경허스님을 따라가기로 마음먹었다. 경허스님의 법문이 마음에 쏙 들었다.

며칠 후 만공은 경허스님을 따라 천장사로 왔다. 천장사에는 이미 수월 상좌와 혜월 사미가 있었고 만공보다 나이어린 사미도 있었다.

수월과 혜월은 만공을 친동생처럼 대해 주었다. 특히 수월 형님은 어머니 같고 형님같이 생각되었다. 경허스님을 따라 오기를 잘했다. 낮에는 수월, 혜월 스님들과 나무를 하거나 공양간 일과 허드렛일을 하지만 밤에는 염불이나 참선을 하면서 주경야선晝耕夜禪(낮에는 밭 갈고, 밤에는 참선하는)이 즐거웠다. 만공은 어느 날 참선 중에 부모님이 확연히 보였다. 그는 깜짝 놀라 눈을 비비고 다시 앉았는데 이번에는 절 근처 나무 위에 어린 사미승이 올라가 기대서 잠을 자고 있는 것이 보이는 것이다.

그러자 밖에서 어린 사미승을 찾는다. 초저녁부터 사미승이 보이지 않는다며 천장사 식구들이 모두 찾아 나섰던 것이다. 근처 산에는 밤이면 호랑이가 어슬렁거리기 때문에 함부로 갈 수가 없다. 만공은 빙그레 웃고는 자신을 따라 오라는 듯 앞장서 가더니 요사채 뒤에 있는 나무 밑으로 가서 손으로 그 나무 위를 가리킨다. 잎이 무성해서 잘 보이지 않지만 위에 무언가 있는 듯 했다. 등불을 가까이 비춰보니 어린 사미승이 가지가 세 갈래로 뻗어 있는 나무 사이에 기대어 졸고 있는 것이다. 경허스님도 그 광경을 보고 말했다.

"네가, 저 아이가 저기 있는 것을 어떻게 알았느냐?"

"스님! 제 눈에 보였습니다. 참선 중에 얼른 눈에 보였습니다."

경허스님은 만공을 오라하며 스님 방에 오자 타이르듯 말했다.

"그런 것이 눈에 보이는 것은 귀신들린 것이다. 앞으로 그런 것이 보이더라도 거기에 끌려가서는 안 된다. 귀에 무슨 소리가 들리더라도 염두에 두지 말고 떨쳐 버려라. 그런 것에 끌려 다니면

도와는 멀어지느니라. 내 말을 명심하거라. 오신통五神通은 도의 지엽적인 현상일 뿐이다. 귀신 믿는 사람들이나 하는 짓이다(오신통이란 마음대로 갈 수 있고, 모든 것을 막힘없이 꿰뚫어 환히 볼 수 있으며, 모든 소리를 마음대로 들을 수 있고, 남의 마음속을 알며, 나와 남의 전생을 아는 능력을 말한다)."

만공은 경허스님의 말씀의 참뜻은 모르지만 조심하겠다는 말을 남기고 방을 나왔다.

어느 날 불공을 드리러 온 여자 분이 근심이 가득한 모습이었다. 만공이 보기가 하도 딱해서 말했다.

"보살님! 너무 걱정하지 마세요. 아드님은 무사합니다. 며칠 후에 집으로 들어올 겁니다."

"사미스님, 그걸 어떻게 아십니까? 아들이 집을 나간 지 한 달이 다 되어도 소식이 없어 잘못되지나 않았나 큰 걱정입니다."

"걱정하지 마세요. 한 삼 일 후면 멀쩡한 모습으로 돌아올 겁니다."

그 말이 경허스님의 귀에 들어갔다. 회초리를 들고 스님의 방으로 오라는 엄명이 떨어졌다. 만공은 경허스님 앞에 종아리를 걷고 섰다.

"이놈! 그런 것은 귀신 장난이라 하지 않았더냐! 귀신이 가리키는 대로 따르다간 점쟁이밖에는 안 된다는 것을 모르느냐. 신을 섬기는 사람들은 그것이 목적이지만 도를 가로막을 뿐이다."

만공은 경허스님에게 피가 나도록 종아리를 맞고는 눈물을 찔끔거리며 스님 앞에서 물러나왔다. 몇 달 후 어느 보살이 대웅전에서 나오는데 그 보살님의 시집간 딸이 아들을 기다리는 집에서 딸만 줄줄이 낳다보니 걱정이 되어 절에 와서 기도를 하는데, 다음에는 아들을 낳을 수 있을 것임을 알 수 있었다. 그 보살이 만공 앞에 와서 합장하고는 물었다.

"사미스님, 시집간 제 딸이 손이 귀한 집에서 딸만 줄줄이 낳다보니 다음에는 아들을 낳을 수 있을까 걱정입니다. 아들을 낳을 수 있을까요?"

"난 그런 것은 모릅니다."

"스님이 용하다고 하던데요."

"글쎄, 전 그런 거 모른다니까요."

만공은 쏘아붙이듯 말하고 자리를 피한다. 수월 형님이나 혜월 형님은 장차 도인이 될 것이란 것을 알 수 있었으나 모르는 척 할 수밖에 없었다. 그후에도 절에 온 신도님들이 이것저것 물어보아도 모른다고만 하고는 자리를 피했다. 사람들이 얼굴만 봐도 그 사람의 미래가 보이는 것이다. 그러나 모든 것을 묵살해 버리기 시작했더니 그런 것들이 없어졌다.

경허스님이 들어오라고 부르신다. 만공은 경허스님 앞에 무릎을 꿇고 앉는다.

"요즘도 그런 것들이 보이고 알아지더냐?"

"그런 것이 없어졌습니다."

"네가 그런 것에 끌려 다니지 않으니까 물러갔구나. 부지런히 참선을 하거라. 그러면 어느 날 모든 것이 사라지며 앞이 환히 트이는 날이 올 것이다."

어느 날 천장사 앞 물레방앗간에서 수월 형님을 도우며 방아 일을 하고 있는데 어린 승려가 심부름을 왔다면서 경허스님을 찾는다. 만공이 그 어린 승려를 안내해서 경허스님께 가는 중에 이런 말을 하는 것이다.

"사미스님, 만법귀일 일귀하처萬法歸一 一歸何處란 무슨 뜻입니까?"

만공은 처음 듣는 말이라 알 수가 없었다. 심부름 온 어린 승려가 돌아간 후 경허스님에게 물어보았다.

"스님, 만법귀일 일귀하처란 말이 무슨 뜻입니까?"

"그것은 내게 물어보지 말고 네 스스로 알아야 한다. 모든 것은 하나로 돌아가는데 그 하나는 어디로 돌아가는지 그걸 알아내 보거라!"

만공은 답답하기 그지없었다. 경허스님은 분명 알고 계실 텐데 왜 말해주지 않는 것인가? 만공은 답답함을 견디다 못해 천장사를 떠나 무작정 간 곳이 아산 봉곡사였다.

주지스님을 뵙고 천장사 경허스님의 제자라 했더니 참선방에 들어가 참선하라고 허락하신다. 그로부터 2년간 봉곡사에서 밤낮을 가리지 않고 정진에 정진을 거듭하자 좌선 중 무념상태에서 벽이 사라지며 허공이 드러나는 경험을 하게 된다. 그날 새벽 종성 게송 중 응관법계성 일체유심조應觀法界性 一切唯心造(마땅히 법계의 성품을 보라. 일체는 오직 마음이 지어낸 것이다)라는 대목에서 홀연 의심덩어리가 박살이 나며 앞이 환해지는 것이다. 그러한 것들은 모두 타력이 아닌 자력임이 확연해 지는 것이다.

만공은 한달음에 천장사에 돌아와 경허스님 앞에서 모든 것을 털어놓았다. 그러자 경허스님이 단호한 어조로 말했다.

"그것은 깨달음이 아니니 모두 버리고 다시 시작해라. 내 너에게 무無자 화두를 줄테니 네 자신을 버리고 다시 정진해라."

스승 경허로부터 실로 11년 만에 받은 무자 화두다. 만공은 스승 앞에 절을 올리고 또 천장사를 떠난다. 천신만고 끝에 얻은 것을 모두 버리라니 기막힌 일이다.

계룡산 마곡사 토굴에서 3년간 무자 화두에 빠져들어 수행했으나 별 진전이 없었다. 만공은 다시 경남 양산 영축산의 백운암에 이르렀다. 백운암에서 다시 참선하기로 했다. 오직 무자에 몰입했다. 어느 날 새벽 종소리를 듣는 순간에 상대세계가 사라지고 우주가 무너지며 본심과 일체가 되는 무아의 세계에 몰입이 되는 것이다.

'지난 날 스승 경허스님이 종아리에 피가 나도록 때린 이유가 이것이구나.' 경허스님이 한없이 고맙고 그리워진다. 제자를 올바른 길로 인도하기 위한 스승의 경책이 고맙기 그지없다. 만공은 한달음에 천장사로 향했다. 그러나 천장사에 당도해 보니 경허스님은 안 계셨다. 돌아오시지 않을 것이란다. 찾을 길이 없다. 이렇게 그리움을 남기고 떠나신 것도 제자를 가르치기 위해서 인가? 생자필멸이요 회자정리인가?

수월과 혜월 형님들도 없었다. 천장사를 휘 둘러보고 두 분 형님들과의 생활을 되돌아본다. 그분들이 보고 싶고 그리웠다. 그후 만공은 충남 예산 덕숭산 정산 부근 정혜사에 금선대를 지어 수덕사 견성암 등을 일으켜 그로부터 덕숭 선풍이 일어 한국불교의 선풍이 자리를 잡아갔다.

　내가 본래 부처라는 믿음(신심)인 믿는 마음

　그런데도 부처를 보지 못하는 분한 마음(분심)

　이처럼 명백한데 왜 모르는가 의심스러움(의심)

　이 세 가지가 화두의 요체라 한다.

　어느 날 50세 중반쯤된 신사 한 사람과 만공스님과 비슷한 또래인 건장한 분이 찾아왔다.

　"스님이 만공스님이신가요?"

　"그렇습니다만."

　"외람됩니다만, 할아버지께서 스님을 찾아 도우라는 말씀을 해서 이렇게 찾아뵈었습니다. 저는 김철재라 합니다."

　"거사님의 할아버지가 누구신가요?"

　"스님께서는 저의 할아버지를 모르실 겁니다."

　"내가 모르는 거사님의 할아버지가 나를 도우라니요?"

　"그렇습니다. 저의 할아버지는 돌아가셨습니다."

　"돌아가신 할아버지가 유언이라도 하셨나요?"

　"유언이오, 그것이 유언인지도 모르죠. 할아버지가 두 번이나 꿈속에서 내가 너에게 남겨준 재산을 만공스님을 위해 사용하라 하셨습니다."

　"하하하! 중이 무슨 재물이 필요한가요? 다만 필요하다면 후학을 위해 불사를 일으킬 뿐이지요."

"제가 돕겠습니다. 허락하여 주십시오."

그래서 수덕사 견성암 등의 불사가 일궈졌다 한다.

같이 온 만공스님과 나이가 비슷한 한 건장한 분은 다름 아닌 김좌진이라는 분이다. 김좌진은 뒷날 독립군 대장이 되어 청산리전투에서 대승을 거두고 일본 놈들의 간담을 서늘하게 했으며 조선민족의 의기를 불러일으키고, 독립운동의 활기를 불러 온 민족의 영웅이었다.

김좌진은 만공스님과 인사를 나눈 후,

"저는 김좌진이라 합니다. 스님께서 힘이 장사란 말을 듣고 찾아뵙게 되었습니다. 저도 힘이라면 아직 진 적이 없습니다. 스님과 함께 힘겨루기라도 해보려고 이렇게 찾아왔습니다."

"중이 힘이 세서 뭐하겠습니까만 저도 아직까지 누구에게 진 바는 없습니다."

그러자 김철재가 나서며 말했다.

"여기서 이럴 것이 아니라 아랫마을에 내려가 공양이라도 하시면서 말씀하시지요."

그래서 어느 요릿집에서 요리를 시켜놓고 두 사람은 팔씨름을 시작했다. 스님의 제자인 고봉스님도 옆에 있었다. 두 사람이 손을 잡고 겨누기 시작한 지 거의 30분이 다 되어도 승부가 나지 않았다. 김좌진은 힘을 쓰는 표정이나 만공스님은 힘을 쓰는 표정이 아니다. 김좌진이 먼저 팔을 풀며 말했다.

"대단하시군요. 지금껏 저를 이긴 사람이 없었습니다. 그런데 스님과는 비긴 셈이군요."

"김 선생도 대단하십니다. 저도 힘으로는 누구에게도 지지 않았습니다."

두 사람은 의기투합되어 손을 잡고 흔들며 서로 자주 만나자고 했다.

그후 두 사람은 자주 만나 격의 없는 친구가 되었다. 우국충정에 불타는 마음과 마음은 자연스럽게 결속이 되었다.

만공스님의 선기가 알려지자 많은 스님들이 찾아왔다. 비구니 스님도 여러 명 제자로 받아 달라고 모여들었다. 그중에서 귀가 좀 어둡고 말도 더듬는 비구니 스님이 있었다. 그 시절에는 여자라는 그 자체만으로도 도와는 거리가 먼 것으로 보았고 참선을 한다 해도 여자는 깨칠 수 없는 것으로 생각되었던 때였다. 더구나 말도 더듬고 귀도 어두운 비구니 스님은 따돌림 아닌 따돌림을 받았다. 누구도 상대해 주지 않았다. 만공스님은 그 비구니 스님을 조용히 불러 무언가를 은밀히 말을 나눈다.

그 다음 날 법회를 시작하는데 만공스님이 아무 말도 없이 주장자를 들어 보인다. 모두 무슨 영문인지 모르고 있는데 그 귀먹은 비구니 스님이 천천히 일어나 스님 앞에 나와 합장 인사를 하고 만공스님의 법좌(앉은 자리)를 세 번 돌고 자리로 돌아가 앉는다. 그러자 만공스님은 입을 열었다.

"과연 선지로다. 주장자를 들어 보인 뜻을 아는 사람은 저

스님뿐이구나. 다들 무엇하느냐! 사람을 겉으로만 볼 줄 알지, 진짜 선기는 몰라보는구나. 모두 열심히 정진하라. 성불에는 남녀가 없다."

모든 스님들은 그후부터 귀먹은 비구니 스님은 물론이고 모든 스님들이 그 스님을 깍듯이 대했다. 그후부터 비구니 스님들이 많이 찾아왔다. 도량은 밤낮을 가리지 않고 서로 경쟁이라도 하는 듯 참선의 분위기가 높아진다. 대다수의 스님들은 잠도 안자고 용맹정진을 하였다.

어느 날 여러 큰스님으로부터 인가를 받았다는 전강선사가 찾아왔다. 만공스님에게 견성의 인가를 받으러 온 것이다. 서로 법거량法擧揚을 하더니 만공스님이 말했다.

"아직 멀었다. 공양간에 가서 불목한이나 더 하거라."

전강스님은 화가 치밀었다. 다른 큰스님은 모두 인가를 하는데 만공스님은 단칼에 자르는 것이다. 치미는 화를 억누르며,

"그러면 얼마를 더 닦아야 합니까?"

"얼마가 어디 있느냐! 저 산이 네 눈앞에서 사라질 때까지 닦아라."

그로부터 전강스님은 밤낮을 가리지 않고 정진에 정진을 한다. 몇 달이 지나 전강스님이 참선을 하고 있는데 만공스님이 앞에 오더니 말없이 전강의 코앞에 손가락을 세워 보인다. 그때 전강은 벼락을 맞은 듯한 느낌이 들더니 벽이 사라지고 허공이 무너지며 우주 끝까지 내다보이는 듯 했다. 그는 벌떡 일어나 만공스님께 수없이 절을 올린다.

"그만하거라. 보림을 잘하거라(끝마무리)."

만공은 이처럼 비구니 스님들의 참선 길을 열어주었고 근기에 따라 선기에 따라 깨달음의 길을 열어주었다.

때는 1937년 3월 11일, 만공은 총독부에서 열린 주지회의에 마곡사 주지로 참석했다. 당시 총독 미나미가 나와 사찰령을 제정해 승려의 취처取妻를 인정하고 조선불교를 왜색화한 전 총독 데라우치를 칭송하는 연설을 하는 것이다. 이때 만공이 탁자를 내리쳐 부수며 일어나 말했다.

"조선 승려들을 파계시킨 전 총독은 지금 무간지옥에 떨어져 끝없는 고통을 받고 있을 것이다. 그를 구하고 한국불교를 진흥하는 길은 총독부가 한국불교를 간섭하지 말고 한국 승려에게 맡기는 것이오."

이렇게 일갈하고 자리를 박차고 나왔다. 두 동강이 난 탁자는 손으로는 쪼개질 만한 탁자가 아니었다. 마치 도끼로 내리친 듯했다. 그러자 미나미는 연설을 중단하고 주지회의는 다음에 다시 하자며 물러났다. 회의에 참석한 모든 사람들은 깨진 탁자를 보고 혀를 내둘렀다. 이날 만공스님이 안국동 선학원에 가자 만해 한용운 스님은 맨발로 뛰어 나오며 만공스님의 손을 잡고 말했다.

"여우새끼들이 간담이 서늘하였겠소."

그후 서산 앞바다 간월도에 간월암을 복원해 제자 벽초와 원담을 시켜 천일동안 조국광복을 위한 기도를 하도록 했다. 그로부터

1945년 8월 15일이 간월암에서 기도한 지 1천 일이 되는 날이라 한다. 선사의 기도는 천지를 움직인다 함이 어찌 거짓이라 할 것인가? 이 나라가 광복된 지 70여 년. 아직도 우리는 남북이 갈린 채, 진정한 광복은 아니다. 남북통일이 되는 날, 이 나라 선사들과 우국충정의 선조들은 저 세상에서 춤을 출 것이다.

당신은 나의
무엇이 되어삽기에 - 일엽스님

　　일엽은 구한말 평안남도 용강군 삼화면에서 태어났다. 엄격한 가정에서 자란 일엽의 나이 13세 되던 해 호열자(콜레라)가 창궐하여 어머니와 두 남동생이 한꺼번에 세상을 떠났다.

　　인생의 허무함과 참담한 현실을 너무 어린 나이에 겪었다. 일엽은 홀로된 아버지와도 떨어져 서울 이화여전에 다녔다. 그녀의 나이 19세 되던 해 아버지마저 돌아가셨다. 이 세상에 홀로 남은 일엽은 의지할 곳이 없었다. 일엽이 이화여전을 마치자 먼 친척의 소개로 혼인을 했다. 신랑 집이 부자로 잘 살며 신랑은 훤칠한 미남이라는 것이다. 친척어른의 말을 믿고 혈혈단신이 되어 의지할 곳 없는 현실을 면해보려고 친척 어른의 말을 따랐다. 혼인을 하고보니 신랑이 다리가 없는 의족을 한 장애인이었다. 철저히 속은 것이다. 알고 보니 논 몇 마지기를 받은 친척이 부모가 없는 일엽을 속이고 혼인을 시킨 것이다. 그것을 알게 된 일엽은 아버지로부터 물려받은 집과 텃밭을 팔아서 그 돈을 들고 일본으로 유학 겸 도피를 하게 되었다. 다행이 일본어를 잘해서 일본 도쿄대학에 입학할 수 있었다. 물론 이화여전에서 기본 학문을 익힌 실력이 있어서 일 것이다. 이 세상에 믿고 의지할 사람은 아무도 없다. 순진하기만 했던 일엽은 세상의 험악함을 체험하게 되어 그것도 공부라면 공부가 되었다.

도쿄대학를 다니며 수학하던 중 일본 명문가의 아들과 만나게 되었다. 그 청년의 적극적인 사랑고백을 피할 수가 없었다. 그 청년은 일엽의 지성미에 끌려서 적극적으로 사랑을 고백했고 그의 열정에 일엽은 거절할 수 없었다.

그는 일엽을 그의 부모님께 인사를 시켰으며 그의 부모도 일엽을 싫어하지 않았다. 그러나 어느 날 일엽이 조선인이라는 것을 알게 된 그의 부모는 일본의 명문가에서 조선 여인을 며느리로 들일 수 없다는 것이다. 일엽은 이미 임신을 한 상태였다. 그의 부모들의 반대도 반대지만 조국을 유린한 그들이 조선인을 천시하기까지 하는 것을 참을 수가 없었다. 그러자 그렇게 적극적이던 일본인 청년은 차츰 일엽을 멀리하려는 눈치가 보였다. 얼마 후 아이가 태어나자 아이를 그들에게 돌려주며 이 아이는 비록 조선인인 내가 낳았으나 그 씨는 일본 사람이니 당신들이 기르라며 핏덩이 아들을 맡기고 피눈물을 흘리며 일본을 떠나 조국으로 귀국했다.

조국에 돌아온 일엽은 여성잡지인 신여성을 창간해 편집인 겸 주간으로 잡지를 펴내게 되었고 개화기 여성운동을 앞장 서 이끌었다.

조선 500년 간 남자에 종속되어 남존여비사상에 묶여 살 수밖에 없었던 여성을 일깨워 그 굴레를 벗어던지게 한 신여성 운동가였다. 여자도 당당한 인격자로 세상을 살아가자고 호소했던 것이다. 신여성 잡지는 부수가 점점 늘어나면서 여성들의 호응이 좋아졌다.

자유연애와 새로운 정조론을 잡지에 기고하며 모든 여성들의 구시대의 의식을 벗어 던지고 당당한 사회인으로 한 사람의 인격체로 살아가자는 주장이 수많은 여성들의 호응을 받았다. 그러나 그런 운동이 많은 여성들의 호응을 받으면서도 일엽을 만족시키지는 못했다. 그것은 보다 근본적이고 더 가치 있는 인생을 찾는 것이다. 즉 남녀 문제가 아닌 인간의 근본적인 문제를 해결할 수 있는 길을 찾게 되었다. 그러나 그의 갈증을 해결할 길은 보이지 않았다.

그러던 중 우연히 만공스님의 법문에서 그 길을 찾을 수 있음을 직감했다. 즉 인간의 삶과 죽음, 사랑과 증오, 그리움과 역겨움 등의 근본적인 해결책이 만공스님의 법문에 있었던 것이다. 여성운동과는 그 근본부터 다르고, 인간 본연의 삶을 해결할 수 있는 길이 보였던 것이다. 그후 일엽은 잡지사를 같이하던 후배에게 맡기고 보통 학교 교사생활을 하면서도 그녀의 뇌리에는 만공선사의 법문이 떠나지 않았다. 아니 시간이 갈수록 그녀의 가슴 가득히 스님의 법문이 그 무게를 더해 갔다. 그것이 일엽이 새로운 삶을 찾게된 계기가 되었다. 등불이 되었다. 청춘을 불태우던 연애와 행복, 삶과 죽음이란 피할 수 없는 인간사. 그런 모든 것들을 뛰어넘은 참 진리 마음속 스승이 된 만공선사의 말씀이 현실화되면서 드디어 그녀의 삶을 송두리째 바꾸어 놓았다.

그는 몸이 달았다. 하루속히 참 진리의 길을 가고 싶었고 뛰어들고 싶은 것이다. 그래서 그는 만공스님을 찾아가기로 결심하게 되었다.

당신은 나의 무엇이 되어삽기에
살아서 이 몸도
죽어서 이 혼까지도
그만 다 바치고 싶어질까요?
보고듣고 생각하는 온갖 좋은 건
모두 드려야만 하옵니까?
내것네것 가려질 길 없고
조건이나 대가가 따져질 새 어디겠어요.
혼마저 합쳐진 한 몸이건만
그래도 그래도
그지없이 아쉬움
그저 남아요
당신은 나에게 무엇이 되어삽기에……

그녀는 세속의 모든 것을 던져버리고 금강산 마하연에 머무르고 계신다는 만공스님을 찾아나섰다. 남자인지 여자인지 분간하기 어려운 복장으로 금강산을 향해 길을 나섰다.

마하연을 한 5리 정도 앞두고 주막집 들마루에 걸터앉아 국밥을 시켜놓고 기다리고 있었다.

3명의 나그네가 들어와 옆자리에 앉으면서 서로 주고받는 말을 듣게 되었다.

"일엽이란 여자가 일본놈 아이를 낳아서 그 핏덩이를 일본 놈에게 주면서, '당신들은 조선 사람을 천시하지만 비록 내가 낳은 자식이지만 사악한 일본 사람의 씨를 내 손으로 기를 수가 없어 넘겨주며, 잘 기르시오 하고 자기가 낳은 핏덩이 자식을 넘겨주고 왔다는 거야."

"정말 보통 여자가 아니지!"

"그렇고말고. 모정이란 것이 그 무엇과도 바꿀 수 없는 것인데 모정보다 애국이 앞선 거지."

"아마 그런 사람 흔치 않을 것이야."

"암, 그렇고말고."

그들은 내가 바로 그 장본인인 일엽이라는 것을 알 턱이 없었다. 그리고 소문이란 이렇게 빠르구나 하는 것을 체험하게 되면서 사람이 처신을 잘해야지, 정말 무서운 것이 소문이고 인심인 것을 알았다.

핏덩이 자식을 넘겨주며 사악한 일본인의 피라고까지는 하지 않았지만 세상 사람들은 그렇게 보지 않은 것이다.

마하연에 도착하여 만공스님을 뵙고 인사를 드리고 출가라는 말은 하지 않고 며칠 불공을 드리러 왔다고만 했다.

그러나 만공스님의 혜안은 속일 수가 없었다. 만공스님은 그녀가 세간에 널리 알려진 일엽이라는 것을 알고 계셨고 출가를 하려고 찾아왔음을 알고 계셨다.

그러나 스님은 그것을 스스로 말하지 않은 한 아는 척 하지 않을 뿐이다.

마하연에는 요사채에 방이 여러 칸 있었다. 비구, 비구니 스님들의 방과 살림방 등 몇 칸이 나란히 있었다. 일엽은 어두운 밤에 해우소(변소)에 가고 싶어서 본채와 상당히 떨어진 해우소에 갔다 오니 자기가 있던 방이 어느 방인지 분간이 되지 않았다. 망설인 끝에 어느 방문을 여니 비구 스님 방이라서 문을 닫고 망설이다가 다른 방문을 여니 그 방도 비구 스님들의 방이다. 한참을 서서 살피다가 겨우 자신의 처소를 찾았다.

이튿날 만공스님의 법문이 있었다.

만공스님은 다짜고짜로 일엽을 가리키며,

"어젯밤 저 여자가 남자가 그리운지 남자 스님들의 방문을 두 번이나 엿본 장본인이오."

모든 사람들의 시선이 일엽으로 향했다. 만공스님은 일엽의 표정을 무심히 살펴본다. 일엽은 그런 말을 듣고도 아무런 동의 없이 무심히 앉아 있었다.

만공스님은 고개를 끄덕였다. 스님은 일엽의 사람 됨됨이와 인내심을 시험해 본 것이다. 법문이 끝나고 일엽은 만공스님을 따라 스님 처소로 들어갔다. 그는 스님 앞에 큰 절을 올리고,

"스님! 출가를 허락해 주십시오. 서울에서 스님을 뵈러왔습니다. 일엽이라고 합니다."

"왜, 스님이 되려고 하느냐?"

"참진리가 무엇인지 알고 싶습니다. 그 진리를 알면 인생문제의 해결책도 거기에 있으리라 생각됩니다."

"인생에서 무엇을 해결하고 싶으냐?"

"삶과 죽음, 사랑과 증오, 그리움과 역겨움 등. 그런 것들에서 허덕이는 것이 인생이라 생각됩니다. 거기에 얽매여 살고 싶지가 않습니다. 스님! 허락해 주십시오."

"여자의 몸으로 출가를 결심했다면 각오가 단단하리라 생각되지만 남자와 달리 여자에게는 어려움이 더 많다는 것을 알아야 될 거야!"

"네, 스님! 알고 있습니다. 제 마음은 흔들리지 않습니다. 스님의 제자로 받아 주십시오. 오래전에 스님의 법문을 들은 바 있습니다. 그때 스님의 법문을 듣고 거기에 길이 있음을 알게 되었습니다."

잠시 일엽을 살피던 만공스님은 그녀의 각오가 흔들림이 없음을 알고 말씀하셨다.

"우선 법당에 가서 부처님께 정성끝 절을 올리고 부처님의 제자가 될 것을 부처님 앞에 맹세하고 오시오."

만공스님도 일엽을 따라 대웅전에 들어가 일엽의 정성스러운 참배가 끝나자.

"자신을 잊고 참선수행만이 생활로 알아야 되며 밖에 계시는 부처와 내가 둘이 아니라는 것을 믿어야 되고 삼라만상이 나로부터

이며 그것들 역시 나와 둘이 아니며 내 마음속의 작은 생각도 부처님은 다 알고 계신다는 것을 잊지 말거라. 그리고 목숨을 걸었다는 각오가 되어야 한다."

"네, 스님 명심하겠습니다."

일엽은 쏟아지는 눈물을 닦을 생각도 없이 다시 일어나 부처님께 수없이 절을 올린다. 그후 마하연에 며칠 계시던 만공스님을 따라 수덕사로 돌아온 일엽은 머리를 깎고 계를 받고 정식으로 출가하게 되었다.

그로부터 일엽의 수행생활은 계속되었다.

어느 날 넘겨준 잡지사 여직원이 수덕사를 찾아왔다. 그녀는 일엽스님의 손을 잡고 눈물을 흘리며,

"선배님은 결국 스님이 되셨군요. 스님의 높은 뜻을 이제야 겨우 알 것 같군요."

"그동안 잘 지냈고?"

"네, 선배님. 저는 아직 세속의 때를 벗지 못하고 있습니다. 스님과 같이 하던 잡지사를 계속 유지하고 싶습니다. 스님, 잡지를 위해 스님의 시 한 수를 부탁드려도 될까요?"

"이미 나는 출가한 몸으로 무슨 시가 필요한가? 떠날 때 시상이 떠오르면 한 수 써줄 테니 잡지에 실어봐. 그것이 나의 마지막 도움이란 것은 알지?"

"고맙습니다. 스님."

이튿날 후배가 떠날 때 일엽이 시 한 수를 건네주었다.

인적 없는 수덕사에

밤은 깊은데

흐느끼는 여승의

외로운 그림자

속세에 맺은 사랑

잊을 길 없어

법당에 촛불 켜고

홀로 울적에

아~ 수덕사의

쇠북이 운다……

시를 들고간 후배는 그 시를 잡지에 실었다. 그리고 그녀는 일엽스님의 이야기를 책으로 만들어 세상에 내놓았다.

그러나 일엽스님의 시는 잡지사를 경영하는 후배를 위한 것일 뿐 세속의 사랑과 정을 떠난 지 오래다. 사람들은 그 시를 보고 일엽스님을 잘못 평가할 수도 있지만 스님은 밤낮을 가리지 않고 수행에 전념했다.

아직 생리가 끝날 나이가 아니지만 젊은 여성이면 누구나 하는 생리가 그치게 되었다. 그것은 수행으로만 될 수 있는 일이다. 즉 여자지만 여자가 아니다. 남과 여, 음양을 너머선 경지가 되어야 가능한 일이다. 여성은 나이가 많아서 폐경이 되었다가도 수행을 하면 다시 생리가 시작되다가 수행이 깊어지면 끝난다고 한다. 그런 현상은 여성만이 갖는 현상이라 한다. 물론 사람마다 같을 수는 없지만 수행을 하는 비구니 스님들의 일반적인 신체적 변화라고 한다.

일엽스님은 그후 30년 동안 한 번도 산문 밖을 나가지 않고 정진에 정진을 거듭했다고 한다.

어느 날 만공스님이 오시더니 일엽을 보고 말씀하셨다.

"수덕사의 쇠북이 요즘도 잘 울더냐?"

"내가 나를 버려두고 쇠북을 쫓아 뭘 할 게 있나요?"

"하하하! 백련 일엽이로다."

"스님, 백련 일엽이 무슨 뜻입니까?"

"진흙 속에 있으면서 속진에 물들지 않는구나."

"고맙습니다. 드디어 스님의 인가를 받는군요."

"모두가 그대의 일념이니라. 드러내지 말고 감추어라. 그것이 올바른 보림이니라."

"네, 알겠습니다."

일엽스님이 견성한 후 부산 선암사에 가기 위해 부산행 기차를 타고 갈 때다.

기차 안에서 한 남자가 책을 팔기 위해 거짓말을 섞어가며 열변을 토한다.

"제가 수덕사의 일엽스님이 출가하기 전에 낳았던 사생아입니다. 이 책은 일엽스님이 출가 전의 모습인 실화적인 책입니다. 제 어머니의 책을 팔아야 할 기구한 운명이 되었습니다. 이 기구한 운명의 사연이 담긴 책입니다. 한 권씩 사 주십시오."

함께 가던 스님들이 분노가 치밀어 그를 불러 혼내주려 하자 일엽스님이 손을 들어 말리면서 말했다.

"일엽스님이란 이름이 무슨 대수냐? 저 사람이 사생아는 아니지만 사생아가 있는 것만은 사실이 아닌가? 가만 두어라. 일엽이란 이름을 팔아서 생계를 유지하려는 것이니 책이나 서너 권 팔아 주어라."

그래서 그 책장수를 불러 세 권을 사주었다.

그후 수덕사에 돌아와 주석하고 계실 때 어느 날 일본에서 온 아들이 스님을 찾아왔다. 갓난아이를 두고 돌아온 스님 앞에 아들이 장성하여 나타난 것이다. 그는 어머니가 사무치게 그리워서 찾아왔다면서 눈물을 쏟자 일엽은,

"그만 울어라. 여기는 산중의 절이다. 절에 왔으면 절의 예의를 지켜야 한다. 다시는 어머니라 부르지 마라. 스님이라 불러라. 나는 너를 낳아 주었을 뿐, 너의 부모도 어머니도 아니다. 그리고 어서 돌아가거라. 세속에 집착을 두지 말거라."

그는 눈물을 머금고 절을 나와 수덕사 일주문 밖에 있는 수덕여관에 머물면서 어머니에 대한 그리움을 달랬다고 한다.

며칠 후 일본인 노신사가 일엽스님을 찾아왔다. 그가 바로 일본에서 만난 아들의 아버지이다. 그는 일엽과 헤어진 후 아들을 기르며 독신으로 살았다고 한다. 그 일본인 노신사는 세속의 때를 벗은 일엽의 눈에서 세속의 정 따위는 없음을 알고 눈물을 머금고 아들과 함께 수덕여관에서 며칠 더 머물다가 돌아갔다고 한다.

수덕사 일주문 인근 소나무 숲을 지나 대나무 숲길로 접어들면 단아한 기와집 한 채가 있다. 일엽스님이 64세부터 75세 열반할 때까지 주석해 계시던 곳이다. 스님은 세속 나이로 75세 1971년 정월 홀로 열반에 들었다.

입가에 엷은 미소를 머금고 자는 듯이 열반하셨다. 제자가 달려와 보니 온 방안에 알 수 없는 향기가 가득하였다.

덕숭산 호랑이라 불리던 벽초선사가 들어오며,

"보아라. 방안에 가득한 향기는 관세음보살의 자취니라. 일엽스님은 관세음을 따라 가셨구나. 허허허!"

인연이야기

오대산 미륵바위

　며칠 전부터 눈이 오기 시작하더니 이제는 나뭇가지가 부러질 듯 싸인 위에 또 쌓였지만 하늘은 계속 눈을 쏟아 붓는다. 건너편 절벽을 등지고 서 있는 미륵바위도 눈을 덮어쓴 채 가물가물 멀어 보인다.

　웅장한 오대산은 설악산을 등지고 하늘을 떠받치듯 솟아올라 멀리 동해를 굽어보고 서 있다. 때로는 한겨울에도 동해의 훈훈한 바람이 불어 안개구름을 피우다가 북쪽으로부터 몰아치는 찬바람과 마주치면 요술이라도 부리는지 큰 눈이 되어 사정없이 퍼부어 댄다. 그것이 올 겨울에는 더욱 기승을 부린다. 자연의 변화에는 그 무엇으로도 항거할 수 없는 일이지만 제비집처럼 여기저기 터를 잡고 매달리듯 서 있는 부실한 너와집들은 부르르 떠는 듯 서 있다.

　새들의 놀이터인 쌓아 놓은 옥수수 가리(1가리는 20단)도 눈을 덮어쓴 채 그 형체만 남아 있다. 소나 염소 등의 겨울양식으로 여름내 산촌사람들이 힘을 모아 쌓아 놓은 건초 더미도 눈을 이고 서서 배는 높아 보인다. 띄엄띄엄 여기저기 서 있는 7~8채의 너와집을 이어주던 오솔길도 자취를 감추어 분간이 안 된다.

이 산촌에 사람이 들어와 살기 시작한 후 이와 같은 큰 눈은 처음인 것 같다. 몇 년 전에도 많은 눈이 오긴 했지만 금년처럼 큰 눈은 아니었다.

박달수 노인이 이곳에 정착한 지는 40년이 조금 넘었다. 달수의 아버지는 일본 놈 순사를 한꺼번에 두 놈을 때려누이고 일본 놈들이 물러가기 전에는 자유롭고 밝은 세상을 볼 수 없다면서 그의 아내와 어린 달수의 손을 잡고 야반도주하여 이 오대산 골짜기로 숨어든 것이다.

일본 놈 세상이 되자 쌀, 보리, 밀은 물론 콩, 감자까지 공물이란 명목으로 거두어 가더니 놈들은 이 땅의 모든 것을 빼앗아 가려는지 근처 암자에 모셔진 탱화와 불상을 무슨 연구 목적이란 핑계로 들고 갔으며 무엇에 쓰는지는 모르지만 송진을 채취해 오라고 해서 산으로 들어가 소나무마다 상처를 내서 송진을 채취해 바쳤으며 폭탄이나 총탄을 만드는 데 쓴다면서 집집마다 다니면서 놋그릇을 거두어 갔다. 솥은 물론 대야와 밥그릇 심지어 간장 종지까지 놋쇠로 된 것이라면 모두 내놓아야 했다.

범수 아버지는 선대로부터 물려받은 촛대, 향로, 술잔 세 개는 조상님 제사에 쓴다면서 이것은 절대로 내줄 수 없다면서 벽장

속에 감추어 두었다가 집을 수색 당하게 되어 그것마저 빼앗기고 조선총독부로부터 하달된 지시에 불복한 불순한 조선 놈이란 죄목으로 주재소로 끌려가 폭행을 당하고 철장 속에 감금되었다. 3일째 되는 날 밤, 화장실에 가고 싶다는 말에 철장 문을 열어주자, 숙직하던 순사 두 명을 걷어차, 때려누이고는 도주했던 것이다.

그로부터 달수 아버지는 다소나마 마음의 안정을 얻은 대가로 세 식구의 생계를 위해 산골생활의 고달픈 삶이 시작되었다. 해가 뜨고, 지는 것도 잊고 화전을 일구고 다랑이 논을 만들며 버섯이나 산나물, 다래, 으름, 산딸기, 산수유, 산벗나무 열매 등을 찾아 절벽과 골짜기를 누비며 동분서주해야 했고, 때로는 산토끼, 노루, 고라니, 산돼지, 꿩 등 짐승도 사냥해야 했다.

먼저 들어와 살고 있는 두어 가구의 화전민의 도움으로 나무를 잘라 기둥을 세우고 나뭇조각을 잇대어 지붕을 덮은 너와집을 지어 비바람을 피할 수 있는 움막 같은 집을 마련하기도 했다. 일 년이면 몇 차례 약초나 산나물, 버섯, 짐승가죽 등을 짊어지고 파동에 나가, 양식이나 소금, 옷가지 등을 교환하지 않는 일이라면 파동에 나가는 일도 드물었다.

그의 아내는 언제부터인지 건너편 절벽을 등지고 서 있는 바위를 미륵바위라 부르게 되었다.

동쪽 산마루에 해가 솟아올라 그 바위를 비추면 그 바위는 마치 빙그레 웃고 있는 부처님을 닮았다면서 미륵바위라 부르게 되었다.

달수 어머니는 틈만 나면 미륵바위 앞에 정화수井華水를 떠놓고 남편과 아들의 안위를 빌었다. 달수 어머니의 그런 정성이 전념이나 된 듯 산촌의 이웃사람들도 미륵바위 앞에 정화수를 떠놓고 두 손 모아 가족의 안위를 빌게 되었다. 그런 탓인지는 몰라도 산골사람들은 모두 건강할 뿐 아니라 일본순사도 얼씬하지 않았다.

가끔 사냥꾼이나 약초꾼이 이곳까지 들어오는 경우가 있을 때는 혹시 일본순사가 변장을 하고 올 수도 있을 것을 생각한 달수 아버지는 집 뒤에 파놓은 동굴로 몸을 숨기기도 했다.

그 토굴은 김치를 저장하거나 무, 감자, 고구마 등을 저장하기 위해 파놓은 토굴이지만 잠시 몸을 숨기기에는 요긴한 장소가 되었다. 그러나 그렇게 들어온 외부인들은 사냥꾼이거나 약초꾼일 뿐 일본순사는 아니었다.

소학교가 피동에서도 20~30리를 더 가야하는 멀기도 하지만 일본 선생에게 글을 배워봐야 일본사람 종노릇밖에 더 하겠냐며 달수 아버지는 달수에게 우리글과 구구단을 가르쳐 주기도 했다. 때로는 피동에서 천자문이며 이야기책을 들고 와 가르쳐 주었다.

달수는 어릴 적부터 아버지와 어머니를 도와 온갖 일을 거들며 산촌생활에 익숙해졌다. 밤이면 아버지를 따라 새끼를 꼬거나 구구단을 외우기도 하지만 낮이면 계곡물을 따라 가재를 잡거나 다람쥐를 쫓기도 하고 원숭이처럼 나무와 바위를 능숙하게 오르내리며 열매와 버섯을 따는 등 산을 닮은 산사나이로 자라나게 되었다.

달수가 23세가 되는 해, 어느 날 피동에 다녀온 달수 아버지가 술을 좀 드신 듯한 모습으로 기분 좋은 얼굴이 되어 아내와 아들을 들어오라고 하더니 말했다.

"오늘 피동에 사는 김 씨를 만났더니, 나보고 지난번에 데리고 온 아들이 금년 23세라 했던가? 하고 물어, 그렇다고 했지. 그랬더니 김 씨에게도 딸이 하나 있는데 그 딸이 올해 23세가 되어 짝을 찾아줘야 하는데, 산골이라 적당한 혼처가 없다면서 김 씨의 딸과 우리 아들이 잘 어울린 것 같다면서 사돈을 맺자고 하다구만.

나도 반가워서 말했지. 내 아들도 아들이지만 자네 딸도 이런 산골에 살기 아까운 인물이지. 해서 서로 사돈 삼자고 약속하고 왔지. 며칠 후 다시 만나 날짜를 잡자고 하고, 술도 한 잔 했지."

그 말을 듣던 어머니는 좋아서 말했다.

"잘하셨어요. 정말 잘하셨어요. 나도 며느리를 보게 되네요. 내가 춤이라도 출까요?"

그후 달수는 피동처녀와 혼인하고 첫아들을 낳았다. 아버지와 어머니는 서로 번갈아 손자를 안고 어르며 '이 산골에 들어와 산 보람이 있다'며 손자를 끔찍이도 아끼신다. 아버지는 손자 이름을 영수라 지어주며 길 영, 목숨 수로 오래오래 장수하는 이름이라 하신다. 영수가 두 살이 되자 여동생이 또 태어났다. 이번에는 선희라 짓고는 착할 선, 밝을 희라 하신다. 착하고 밝게 살라는 이름이란다.

선희가 태어난 해 겨울 달수 아버지는 한 많은 생을 마감하였다. 아버지가 돌아가시고 일 년 후에 해방이 되었다. 아버지가 돌아가시면서 말씀하셨다.

"일본 놈이 물러가고 좋은 세상이 되거든, 이곳을 떠나 고향으로 가거라. 그곳에는 우리가 부치던 땅고 있고 집도 있으니……, 너의 작은 아버지가 잘 관리하고 있을 테니……."

아버지는 그런 말을 남기고 다섯 식구를 이 산골에 둔 채, 고인이 되셨다.

아버지가 살아 계실 때는, 종종 고향 꿈을 꾸었다는 말을 하면서 쓸쓸한 얼굴이 되시곤 했다. 선희가 세 살이 되던 해, 아버지 꿈을 자주 꾸신다던 어머니도 달수의 손을 잡고 눈물을 흘리시며 이렇게 말씀하시고 돌아가셨다.

"내가 죽거든, 너의 아버지와 합장을 해다오……. 우리 영수와 선희! 저것들을 잘 키우고……."

이제는 이 산촌을 떠나고 싶지 않다. 아버지와 어머니의 무덤도 집 근처에 있어 자주 가서 뵐 수 있고, 아버지가 피땀 흘려 일구어 놓은 다랭이논과 밭을 버리고 살 수 없지만 소리쳐 부르면 앞산과 뒷산에서 응답하는 메아리 소리도 버릴 수 없으며, 봄이 되면 가지마다 잎새마다 연녹색 새순을 앞 다투어 움틔우고 온갖 꽃들이 나비와 어울려 너울너울 춤추는 날마다 벌어지는 봄 잔치를 버리고 갈 수 없으며, 여름이면 청록색 산천은 검은 듯, 푸른 듯 온갖 산새와 더불어 하늘까지 검푸르게 물들이며, 매미 소리를 따라 내려쬐는 햇살에 뜨거우면 천둥과 번개가 세찬 빗줄기를 쏟아 부어 목마름을 달래주고, 가을이면 온 산천이 울긋불긋 화려한 모습으로 우아한 자태를 드러내 손짓해 부르며 감추어 두었던 온갖 열매를 아낌없이 선물하는 이 산천을 버리고 가고 싶지 않다. 겨울이면 새하얀 떡가루를 온 산천에 뿌린 듯 포근하고 넉넉한 설국의 별천지를 만들어주는 이 산천을 버릴 수가 없으며 떠날 수도 없다. 봄, 여름, 가을, 겨울 사시사철 새 옷을 갈아입고 보란 듯 자태를 들어내 보이고 뻐꾸기, 부엉이, 소쩍새, 딱따구리, 방울새 등 온갖 새들의 노랫소리에 장단 맞추며 졸졸 흐르는 산골물의 정겨운 소리를 죽어도 잊지 못할 것이며, 가을이면 단풍잎에 숨어 있는 머루, 달래, 도토리 열매를 나 몰라라 할 수 없기에 나는 이 산천을 떠나고 싶지 않다. 더구나 아내도 시어머니를 닮아 미륵바위에 정화수를 떠 놓고 남편과 자식들을 위해 정성을 드리며 치마저고리를 기워 입고 살아도 때때로 도토리묵을 만들거나 매밀 부침개를 해서 맛있게 먹는 남편과 자식들을 보면서 이곳에서 오래오래 살고 싶다고 해서 떠날 수 없기 때문이다.

해방이 되고, 얼마 안 되어 공산당이니 빨갱이니 하는 말이 피동으로부터 들리더니 급기야 전쟁이 터졌다는 소문도 들려왔다. 그후 피치 못할 사연들을 가슴에 안고 몇몇 사람들이 이곳으로 숨어들었다.

그 무렵 최창만이도 목숨을 부지하려고 그의 처와 함께 이곳으로 들어왔다. 사상이 다르다며 사람을 잡아 고문하고 죽이는 것이 무슨 위대한 영웅이나 사명이라도 되는 것처럼 미쳐 날뛰는 세상에서 인민군이 들어오자, 최창만의 형이 국방군 장교라 하여 내무서에 끌려가 심한 고문 끝에 인민재판이 있다는 전날 밤 친구의 도움으로 탈출하여 아내와 함께 이곳으로 숨어든 것이다. 국방군을 부산 앞바다에 처 넣고 말겠다던 공산군이 낙동강을 사이에 두고 치열한 전쟁을 하더니 유엔군의 인천상륙으로 길이 막혀 지리산 등지로 숨어들었고, 공산군은 허리가 잘리어 지리멸렬하여 북으로 후퇴를 한다고 한다.

그 즈음, 정해진도 이곳으로 숨어들었다. 의용군이란 명목으로 강제로 인민군에 끌려간 정해진은 인민군 대열에 합류되어 북으로 후퇴하던 중 총과 인민군 복장을 벗어던지고 민간인 복장을 하고 이곳으로 숨어들었다. 그는 삼팔선 접경지대 남한 땅에서 농사를 짓는 농사꾼이었는데 전쟁이 터지고 인민군이 들어오자 피난 갈 사이도 없이 끌려가서, 명예로운 인민 해방군이 되어 전쟁에 참가해야 된다면서 강제로 인민군이 되었다. 그는 후방에서 낙동강 전선으로 갈 준비를 하던 중 유엔군의 참전으로 다행스럽게 최전선으로 가지 않고 후퇴하게 되었다는 것이다.

범수 아범도 인민군을 도와 선량한 사람을 인민재판에 넘겼다는 죄목으로 국방군이 들어오자, 파견군 부대에 잡혀갔다가 겨우 탈출하여 그의 아내와 범수를 데리고 이곳으로 숨어들었다. 범수 아범은 경기도 파주에서 어느 부잣집 머슴살이를 하던 중 6·25전쟁이 터지자, 주인집 남자는 지주라 하여 어디론가 끌려가고 범수 아범은 강제로 인민위원장이란 감투를 쓰게 되어 팔에 붉은 천을 두르고, 내무서장이 시키는 대로 사람을 잡아오고 인민재판에 나가서 내무서장이 알려준 대로 증언이란 걸 하여……

그것이 큰 죄가 되어 옥에 감금되어 있으면서 가끔 끌려가 조사를 받던 중 경계가 허술한 틈을 타서 탈출하였던 것이다. 이렇게 바깥세상에서는 적이 되어 죽고 죽여야 되는 정해진이나 최창만, 범수 아범도 이곳에 와서는 바깥세상에서 있었던 일을 털어놓고 이야기한다 해서 서로가 적으로 보거나 경계해야 할 대상이 아니라 그들은 서로 의지하며 살아가는 다정한 이웃일 뿐이다. 그들은 미처 날뛰는 세상에서는 자기의 의지대로 살 수 없었고 목숨을 담보로 위협을 받으며, 시류에 떠밀리고, 군중심리에 휘말려 이리 몰리고, 저리 몰리며 살았을 뿐이다.

그들은 사상이 무엇이며 정치이념이 무엇인지도 모르는 순박하고 선량한 사람들일 뿐이다. 그들이 서로 다정한 이웃이 되어 살아가는 모습을 어머니가 살아서 보셨다면 이 모두가 차별 없이 자비를 베푸시는 부처님의 덕이라고 했을 것이다. 그런 것들이 부처님에 자비에 덕으로 그런 것인지 가식 없는 대자연의 품속이라 그런지는 모를 일이지만 아무튼 세상에서는 적이 되어 죽이고 죽어야 하는 사이라도 이곳에서는 서로 의지하고 도우며 속마음을 털어놓고 이야기하며 살아가는 다정한 이웃인 것이다.

온 천지를 뒤덮고 퍼부어대는 눈은 멈출 줄 모른다. 아침부터 줄곧 걱정된 눈으로 문틈을 내다보던 달수 영감은 쥐가 꼬리에 꼬리를 물고 헛간에서 집 밖으로 줄지어 나가는 것을 보게 된다.

'아……, 위험하구나. 집이 무너지거나 눈 속에 파묻혀 죽을 수도 있겠구나. 쥐도 살기 위해 피난을 가는구나. 그칠 줄 모르고 퍼부어대는 눈을 이 산골사람들을 모두 묻어버리고 말겠구나.'

정신이 번쩍 든 달수 영감은 아들을 부른다.

"얘야! 뒷방에 있느냐?"

"네, 아버지. 저 여기 있어요."

아들이 뒷방에서 머리를 내민다.

"속히 이웃사람들에게 알려라. 먹을 양식과 옷가지들을 챙겨 짊어지고 한 사람도 빠지지 말고 우리 집으로 모이라 일러라. 소와 강아지, 염소도 끌고 오라고 일러라. 축생도 생명이니 살려야 하지 않느냐!"

"왜 그러세요, 아버지! 어디 피난이라도 가게요?"

"그렇다. 피난을 가야 한다. 이대로 있다가는 모두 눈에 묻혀 죽는다. 속히 일러라. 시간을 지체하지 말고 속히 모이라 해라."

달수 영감은 어려서 부모를 따라 이 산골에 들어와 산 사내로 자연과 더불어 산에 기대어 살아왔으므로 잘 안다. 자연은 거짓이 없으며 그 변화와 위용에 순응하지 않고 역행하면 무서운 벌이 되어 돌아온다는 것을 동물은 물론 식물도 거기에 순응하지 않으면 도태되고 만다는 것을 보고 겪어 보아서 잘 안다. 옥수수 뿌리가 넓게 뻗으면 그런 해는 태풍이 오거나 바람이 심하게 분다는 것을 알았고, 옥수수 뿌리가 땅속 깊이 뿌리를 내리면 그런 해는 가뭄이 심한 것을 알았고, 개미가 높은 곳에 집을 지으면 비가 많이 올 것이며, 제비가 집을 크게 지어 알을 많이 낳으면 그런 해는 해충이나 곤충이 기승을 부린다는 것을 알게 되었다. 올해는 바람이 심하게 불 것이라든가, 비가 많이 올 것이라든가, 가뭄이 심할 것이라든가, 해충이나 곤충이 기승을 부릴 것이라는 등등.

산골사람들에게 미리 대비하라고 알려주면 틀림없이 그대로 되는 것이다. 지금은 박달수 노인의 말을 따르지 않으면 큰 변이 올 것이라 생각하게 되었다. 산골마을이라 어두움이 빨리 온다. 더구나 이처럼 하늘을 가리고 퍼부어 대는 눈은 대낮에도 이 산골을 어둡게 만든다.

마을사람들은 서둘러 피난 채비를 하고 가축들을 이끌고 달수영감 집으로 모이게 되었다. 마을사람들이라 해야 갓난아이, 가축 등을 합해 30~40명이 조금 넘었다.

"여러분, 내 말을 잘 듣고 그대로 따라야 우리 모두 살 수 있습니다. 여기 이 밧줄로 허리와 허리를 서로 떨어지지 않게 단단히 묶고, 짐승들도 줄을 매어 단단히 잡고 내가 앞장 설 테니 나를 따라 나섭시다. 눈이 그칠 때까지 쉬지 않고 걸어야 될 거요. 집에 앉아 있다가는 집이 무너지니 눈에 묻혀 죽습니다."

마을사람들은 달수 노인의 말을 거역할 수 없어 그들은 밧줄로 허리와 허리를 연결해서 단단히 동여매고는 달수 노인을 선두로 집을 나선다. 주위는 벌써 어두워서 분간이 어렵다. 어둠이 짙게 드리우면서 눈은 더욱 세차게 퍼부어 댄다. 눈은 쌓여서 무릎을 지나 허벅지까지 차올랐다. 몇 발짝 앞도 내다 볼 수 없다. 그들은 서로 떨어질세라 밧줄에 의지하여 앞사람 발자국을 따라 끝없이 앞으로 앞으로 나아간다. 그들은 그렇게 밤이 깊도록 쉬지 않고 한발 한발 눈보라 속을 뚫고 나아갔다.

어디쯤 왔을까?

칠흑 같은 어두움에 서서히 여명이 찾아온다. 그렇게 내리던 눈도 싸라기 눈으로 바뀌면서 기세가 꺾기는 듯하다. 서서히 주위가 밝아지며 머리와 어깨에 눈을 덮어쓴 그들의 모습도 서로 식별할 수 있게 되었다.

잠시 후 따라오던 범수 아범이 입을 연다.

"어르신, 저 앞에 우뚝 선 바위가 우리 동네 미륵바위 같은데요?"

그 말에 몇 사람이 동시에 입을 연다.

"미륵바위가 틀림없어요. 우리는 밤새도록 수십 리를 걸어왔는데 왜 미륵바위 앞에 있는가요? 미륵바위가 우리를 따라올 수는 없을 텐데요."

앞서 가던 달수 노인이 걸음을 멈추며 입을 연다.

"우리는 우리 마을을 한 발짝도 벗어나지 않았소. 우리 집 울타리 밖을 원을 그리며 돌았을 뿐이요. 만약 우리가 무작정 집을 버리고 나섰다면 지금쯤 우리는 눈에 묻혀 죽었을 거요. 우리가 밟은 눈은 또 밟으며 원을 그리고 돌았으니 눈에 묻힐 염려가 없었소. 자, 이제 눈도 그쳤으니 그만 쉽시다."

인연

6·25전쟁이 일어나던 해 이른 봄 김 씨는 이웃마을에 사는 고 씨 처녀와 결혼을 했다. 결혼한 지 석 달이 조금 지나자 전쟁이 일어났다. 신혼의 단꿈을 꾸고 있던 이들 신혼부부에게는 가혹한 일이었다. 김씨는 군에 입대하여 중부전선으로 배치를 받아 전쟁터로 나갔다. 죽을 고비를 몇 번을 넘기면서 싸웠지만 거대한 홍수에 밀리듯 변변한 싸움 한 번 못하고 낙동강까지 후퇴하게 되었다. 대구 인근 일대가 전쟁터로 변했고 부산까지 빼앗기는 것은 시간 문제였다. 남한정부는 북이 동족상잔의 전쟁을 일으킬 것을 전혀 모르고 전쟁에 대비하지 않았기 때문이라고 한다. 부산 시내는 피난민으로 넘쳐났다. 부산까지 버려야할 급박한 시기에 유엔군의 인천상륙작전으로 공산군은 양분되어 후퇴하기 시작했다. 후퇴의 길이 막힌 인민군은 포로가 되거나 지리산 등지로 숨어들었다고 한다.

아군은 후퇴하는 인민군을 몰아붙이듯 북진을 시작하게 되었다. 물론 세계 각국 우방들이 유엔군의 이름으로 참전했기 때문이다.

북으로, 북으로 전진을 거듭해 백두산에 태극기를 꽂을 날을 눈앞에 두고, 중공군의 개입으로 또다시 38선 부근까지 후퇴하면서 공방전이 벌어졌다. 한 고지를 두고 날마다 점령군이 바뀌면서 시체 위에 시체를 쌓으며 전쟁사에 보기 드문 치열한 전쟁이 계속되었다. 높은 고지는 폭탄으로 인해 무너져 내려 평지가 되었고 벙크에서 잠자고 밥을 먹으며 싸우던 전우들은 하나하나 전사하고 또 다른 전우들이 배치를 받아 오면 그들 역시 목숨을 초개같이 버리고 전선의 이슬처럼 사라져 갔다.

그 틈에도 김 씨는 살아남았으나, 전쟁의 막바지에 큰 부상을 입고 부산으로 후송되었다. 부산 육군병원에 있는 동안 휴전협정이 맺어지면서 전쟁이 끝났다. 김 씨는 휴전이 된 뒤에도 부상 때문에 몇 달을 더 병원에 있다가 휴전 후 거의 일 년이 다 되어서야 제대하여 고향으로 돌아오게 되었다.

그 동안 가족은 가족대로 피난살이를 하며 사느라 서로 소식이 두절되었다. 신혼 초에 남편을 군에 보낸 고 씨 부인은 시집을 떠나 친정식구들과 피난살이를 했다. 그녀는 임신한 무거운 몸으로 이리몰리고 저리몰리며 살길을 찾아 남으로, 남으로 이동하며 남의 집 헛간에서 밤을 새기도 하고 수십 명이 한 방에서 쪼그려 앉아서 밤을 새기도 했다.

얼마 후 북진하는 군군의 뒤를 따라 고향으로 돌아왔다. 마을마다 전쟁에 나간 젊은이들은 단 한 명도 살아 돌아오지 못했다는 소문이다. 그의 남편도 전쟁이 끝나고 일 년이 다 되어도 돌아오지 않는다는 인편으로 전해들은 시집 쪽의 말에 남편은 전사한 것으로 알았다.

젖먹이 갓난아이를 내 자식처럼 키우겠다는 정 씨 성인 지금의 남편을 만나 재혼했다. 정 씨는 북에서 흙으로 항아리 단지들을 만드는 옹기 기술자였다. 정 씨는 전쟁이 끝나자 고 씨 부인의 집 근처에 천막을 치고 옹기그릇을 만들어 팔았다. 전쟁통에 집집마다 장독대며 그릇들이 파손된 집이 많아 옹기그릇은 만들기 무섭게 팔려나갔다. 정 씨도 북한에서 일사후퇴 때 아내와 함께 후퇴하는 유엔군을 따라 오다가 비행기의 폭격으로 부인이 죽자, 이름 모를 어느 야산에 부인의 시신을 묻고 혼자 남하했다는 것이다.

정 씨와 고 씨 부인은 서로 짝을 잃은 사람들이므로, 주변의 권유도 있고 서로 동정의 눈으로 보게 되어 재결합을 했던 것이다.

그런 사실을 모르는 김 씨는 집에 돌아와 보니 부모님과 여동생과 남동생 네 식구는 모두 무사하지만 부인이 없는 것이다. 소문에 의하면 고 씨 부인은 피난살이가 끝나고 북에서 피난 온 남자를 만나 재혼해 산다는 것이다. 부모형제도 휴전이 되었어도 돌아오지 않는 자신이 죽은 것으로 알고 있었으니 그 사람도 내가 죽은 것으로 알았을 것이다. 그는 아내가 다른 사람을 만나 산다는 소문이 사실이 아닐 수도 있을 것이란 기대를 가지고, 물어 물어서 부인이 살고 있다는 집을 찾게 되었다. 주인을 부르니 마침 고 씨 부인이 문을 열고 나왔다. 부인을 보니 반가웠다.

"여보, 내가 돌아왔으니 나와 함께 집으로 갑시다."

부인은 무척 놀란 표정이었다. 잠시 후 난처한 듯 입을 열었다.

"나는 당신이 전사한 것으로 알고 다른 사람을 만났으니 돌아가 새 출발하세요……."

그때 방안에서 아기 울음소리가 난다. 부인은 얼른 들어가 아기를 안고 나오며 말했다.

"얼른 돌아가세요, 아이 아버지가 곧 올 거예요!"

이렇게 말하고는 문을 닫고 들어간다.

김 씨는 그녀를 원망하기보다는 전쟁을 원망하면서 무거운 발길을 돌렸다. 그동안 다른 남자를 만나 아이까지 낳았으니 내게 돌아올 수 없겠구나……. 충격을 받은 김 씨는 세상이 싫어졌다. 두 눈이 시퍼렇게 살아 있는 사람의 이마에 총을 겨누고 죽이는 것을 보았고, 철사로 손발을 묶고 총알이 아깝다며 산 사람을 땅에 생매장 시키는 것도 보았으며, 핏덩이 아이를 안은 여인이 길가에 쓰러져 죽어 있는 시신도 보았다. 시신이 훼손되어 여기저기 흩어져 있는 처참한 장면도 보았고, 함께 잠자고 밥을 먹던 전우의 시체를 밟고 넘어가 적을 죽여야 했고, 형은 국방군이고 동생은 인민군이 되어 서로 총부리를 겨누는 세상에서 남편이 전사한 것으로 알고 기다리지 않고 다른 사람을 만났다는 것은 그마 아름다운 일이 아닌가 하고 마음을 위로해 보지만 세상을 등지고 사람을 피해서 깊은 산의 절로 들어가 살고 싶은 마음을 피할 수가 없었다.

그는 그 길로 출가를 결심하고 절로 들어갔다. 부모님과 두 동생에게는 '전쟁에 나가 죽고 돌아오지 않은 것으로 생각하고 저를 찾지 마세요. 그리고 두 동생은 나대신 부모님 잘 모시고 행복하게 살기를 바란다'하는 글을 인편으로 보내고 출가하였다.

그가 절에 들어와 스님이 된 것도 어언 15년이 흘렀다. 이즈음 그는 세속의 때를 벗고 번뇌망상을 여읜 수행의 삶이 몸에 배었고 도인의 풍모로 변해 있었다. 돌이켜보면 고 씨 부인이 고마웠다. 만약 그가 나를 기다리고 있었다가 함께 살았다면 도와는 먼 삶을 살았을 것이다. 세속의 잡다한 일에 얽매이고 허우적거리며 돈과 명예를 쫓아 그것을 행복으로 알고 허송세월로 한평생을 살았을 것이지만, 고 씨 부인의 은혜로 도를 알고 영원한 진리의 길을 찾게되었다는 것은 너무나 고마운 일이다. 그 모두가 부처님의 도움일 것이다.

절은 잠시 상좌에게 맡기고 만행(고행) 겸 탁발(동냥)을 나가기로 했다. 바랑을 짊어지고 목탁을 들고 모자를 눌러쓰고 절을 나섰다. 실로 15년 만의 외출인 셈이다. 이 동네 저 마을 이집저집으로 탁발을 다니다가 옹기 굽는 가마가 있는 집에 당도하게 되었다. 공교롭게도 그 집이 고 씨 부인의 집이었다. 그것도 고 씨 부인과 그의 남편이 마루에 나란히 앉아 있는 마당으로 들어온 것이다. 스님은 고 씨 부인을 단번에 알아보고 그들 앞에 합장하고 깊숙이 절을 올리며 '나무 관세음보살……'.

고 씨 부인은 승복을 입고 모자를 눌러쓴 스님을 알아보지 못했다.

"크나큰 은혜를 베풀어주신 두 분 고맙기 그지없습니다. 제가 큰 절을 올리더라도 너무 나무라지 마십시오."

말을 마친 스님은 땅에 엎드려 큰 절을 올렸다. 남편은 당황스러워 하며 말했다.

"은혜라니요. 저희들은 스님에게 은혜를 베푼 기억이 없습니다만 ……."

"아닙니다. 두 분의 은혜로 불법을 알고 도를 알게 되었습니다. 그보다 큰 은혜는 없으니까요……. 부처님, 이 가정에 가피를 내려주소서……."

그렇게 말하고는 돌아 나가는 것이다. 그제야 고 씨 부인은 전쟁 전에 잠시 부부였던 자신의 전 남편임을 알아보고 아무 말도 못하고 두 손 모아 합장하였다. 합장한 부인의 두 눈에서 눈물이 흘러내린다. 그는 잠시 고향 집에 가보고 싶은 생각이 들어서 고향 쪽으로 발길을 돌렸다. 몇십 리 길을 걸어서 고향마을에 당도했다.

고향마을은 많이 변해 있었다. 없던 길이 생기기도 하고 있던 집이 없어지기도 하고, 없던 집이 생기기도 했다. 고향집에 당도하니 초가집이었는데 스라브 집이 되었다. 마당가에 있던 석류나무도 없어지고 뒤뜰에 있던 대추나무도 없다. 그는 잠시 문 앞에서 서성이자 낯선 부인이 나오는 것이다. 그는 얼른 물었다.

"부인께서 이 집에 사시는 분이신가요?"

"네, 그런데요. 한 5년 전에 이 집을 사서 집을 새로 지었지요."

"그러시군요. 전에 살던 분들은 어디로 가셨는지 혹 아세요?"

"자세한 것은 모르고 읍내로 나가는 길목마을로 이사했다 하더군요."

"그렇게 되었군요. 그분들은 모두 무고하신지요."

"지금은 잘 모르지만 이 집에 이사 올 때는 남자어른은 안 계시고 노모를 모시고 두 남매를 둔 부부가 살았지요. 그런데 스님은 누구신가요?"

"저는 그분들과 잘 아는 사람입니다. 그럼 이만……"

스님은 고향마을을 뒤로 하고 절로 향했다.

'무상하다더니 모든 것은 변하게 마련이구나. 그동안 아버지는 돌아가시고 여동생은 시집을 갔고, 막내 남동생은 장가들어 남매를 낳아 홀로 되신 어머니를 모시고 살다가 집을 팔고 이사를 갔구나.'

고향집은 변해서 나를 싸늘하게 맞아주는 듯 했다.

만행을 마친 스님은 주석하던 절로 돌아왔다. 어느 날 늘 하던 대로 대웅전에 들어가 경을 독송하고 나오니 요사채에 어느 여자 분이 기다린다는 말을 들었다. 요사채에는 여동생이 와서 기다리고 있었다.

"네가 어떻게 알고 여기 왔니? 그동안 많이 변했구나."

"오빠! 정말 오랜만이야. 오빠도 많이 변했네."

"그래. 결혼은 했어?"

"물론이지. 결혼해서 남매를 낳았어요."

"잘했구나. 남편은 잘해주고? 뭐하는 사람이야?"

"회사원이야, 나한테 잘해줘."

"아버지, 어머님은 건강하시고?"

"아버지는 돌아가시고 어머니는 치매가 좀 있어. 한 5~6년 전에 우리가 살던 집을 팔고 이사했어요. 읍내 나가는 길목, 마을 이정골, 이정골은 오빠도 알지?"

"알고말고."

"동생도 장가를 가서 남매를 낳았어. 올케도 착하고."

"내가 불효자구나. 아버지 돌아가신 것도 모르고……."

"오빠는 출가한 스님이잖아. 모든 인연을 끊고 부처님 제자가 되었잖아. 우리는 오빠를 이해해요. 원망 같은 것은 없어요."

"고맙다. 그렇게 생각해주니."

"어떻게 여기를 찾아왔니?"

"종단에 가서 물어보고 찾아왔지. 오빠가 보고 싶기도 하고 한 가지 일러줄 일도 있고 해서."

"그래, 알려줄게 뭔데?"

"오빠가 결혼하고 한 석 달쯤 있다가 전쟁이 일어나 군에 간 뒤 올케는 친정에 가서 피난살이를 했잖아. 그 올케가 오빠 아이를 임신했고, 피난길에 아들을 낳았어."

"그랬구나."

"그 아들이 아마 지금쯤 열여덟이나 아홉 정도 되었을 거야. 오빠가 전쟁 후 올케를 찾아갔을 때 그 아이가 두세 살 정도 되었을 때일 거야. 그때 이미 올케는 다른 남자와 결혼한 후라 그 아이를 오빠 아이라고 말할 수 없었다는 거야!"

"음……. 그랬구나."

"그 사실을 나도 얼마 전에 알게 되었어."

"그랬구나. 나는 세속의 인연을 잊은 지 오래되었다."

"오빠를 한번쯤 만나고 싶기도 했고, 이런 말을 해주고 싶었어."

"네가 한 말은 안 들은 것으로 하마. 그건 그렇고, 이렇게 왔으니 잠시 쉬었다 가거라."

"아냐! 바로 가야해. 나중에 기회가 되면 다시 올게요."

"그래라. 기왕 왔으니 부처님께 참배나 하고 가거라. 다시 오더라도 오빠가 아니고 스님으로 찾아오기 바란다."

그후 세월은 빨라 7년이 지났다. 어느 날 스물넷 다섯쯤 되어 보이는 젊은이가 찾아왔다. 그 젊은이는 스님께 큰 절을 올리며 간곡한 어조로 말했다.

"스님, 저도 스님이 되고 싶습니다. 출가를 허락해 주십시오."

"스님은 왜 되려고 하오?"

"도를 알고 싶어서요. 그리고 저의 어머니 말씀에 저의 아버지도 스님이라 하셨습니다."

"아버지가 스님이라고 아들도 스님이 되어야 하는 법은 없지 않소?"

"그런 것은 아니지만 스님이 되어 도를 알고 싶습니다."

"도를 알아서 뭘 하게요?"

"잘은 모르겠지만 가장 큰 보람이라 생각이 들어서요."

"그러면 스님이신 아버지는 살아 계신가요?"

"돌아가신 것으로 알고 있습니다. 어머니는 너의 아버지도 스님이라고만 말씀하셨습니다."

"그럼 아버지하고는 같이 살지 않았어요?"

"네. 저는 어려서 의붓아버지가 친아버지인줄로만 알고 살았는데 제 아래로 동생이 태어나고 제가 열다섯 살쯤에 어머니가 모든 것을 알려주셨습니다."

"뭐라고 알려주셨나요?"

"어머니는 저의 아버지가 6·25전쟁 때 군에 가서서 오랫동안 연락이 없자 돌아가신 것으로 알고 제가 애기 때 의붓아버지를 만나게 되었다고 하시더군요. 그런데 돌아가신 줄로만 알고 있었던 저의 아버지가 돌아오셨고 그후 제가 장성했을 때 잠시 만났다는 말씀을 하셨지요. 그후로는 살아 계시는지 돌아가셨는지 알 수 없다고 하시며 돌아가신 것으로 알고 살라고 하셨습니다."

"그러면 어머니께서는 출가한다고 허락을 받았나요?"

"네. 받았습니다. 저의 고집을 꺾을 수 없다며 의붓아버지도 허락하셨습니다."

"도의 길이란 쉽게 생각하면 안 됩니다. 비록 부모형제라도 세속의 인연을 끊어야 하고 제 자신도 버릴 수 있는 각오가 있어야 합니다."

"제가 여기 올 때는 그만한 각오는 하고 왔습니다!"

"다른 절이나 암자도 많은데 왜 여기까지 왔소?"

"여기 오기 전에 몇 군데 절과 암자를 찾아갔었지요. 어느 절에는 큰 스님이 안 계셨고, 어느 스님은 받아주지 않으셨고, 어느 절에는 사미승이 많으니 다른 데로 가보라고 했고, 어느 스님은 제가 싫어서 돌아 나오기도 했지요. 스님을 뵙고 보니 스님을 꼭 스승으로 모시고 싶습니다. 스님께서 절 거절하신다 해도 전 떠나지 않을 겁니다. 몽둥이로 내쫓아도 갈 수 없습니다. 그리고 스님! 말씀을 놓으세요. 헌데 스님 손이 제 손과 많이 닮았네요."

"허허허! 같은 민족이니 닮은 사람도 더러 있겠지……"

"스님! 절 받아주시는 거지요?"

"그러면 내일부터 나무도 해오고, 공양간에 들어가 일을 거들고, 해우소(화장실)에 똥이 차면 윗 밭에 똥지게를 지어 나르고, 농사도 지어야 하네. 사미승으로 받아주고 안 받아주고는 그후에 일이니 얼마나 성심껏 하는지 두고 보겠네."

"네, 스님. 뭐든지 하겠습니다. 고맙습니다. 스님!"

"만약 절 생활이 싫어지면 언제든지 떠나도 좋다. 너를 붙들 사람은 아무도 없으니까!"

"네, 잘 알겠습니다."

"그리고 네가 여기 있다는 것을 절대 너의 부모님과 그 누구에게도 말해서는 안 된다. 그것은 너의 수행생활에 방해가 될 것이다."

"명심하도록 하겠습니다."

서영이 엄마

　서영이 엄마를 알게 된 것은 삼 년 전이다. 지금 서영이가 다섯 살이니까 서영이는 두세 살쯤. 서영이 엄마가 공원 옆 도로변에 작은 가게를 열어 '서영이 떡볶이'집이란 간판을 걸고 떡볶이 집을 시작할 때부터이다. 서영이 엄마는 내가 군대에 가 있을 때 교통사고로 저세상 사람이 된 첫사랑인 현이를 너무나 많이 닮았다. 서영이 엄마의 웃는 모습이 우수를 띤 듯한 모습까지 첫사랑 현이를 너무나 닮았다. 미인은 아니지만 머리를 뒤로 묶고 갸름한 얼굴이 미인형이다. 서영이 엄마는 어린 서영이를 키우면서 떡볶이 집을 시작한 것이다.

　서영이 아버지는 한번도 보지 못했다. 서영이 아버지는 없는 것이 분명했다. 그래서 나는 서영이 엄마를 짝사랑하게 되었고 그런 관계로 떡볶이를 자주 사러 다녔다. 떡볶이 집은 토요일 일요일에 장사가 더 잘된다면서 매주는 아니지만 한 달에 두 번 정도 월요일에 문을 닫고 쉰다고 한다.

어느 날 퇴근길에 서영이가 가게 앞에서 놀고 있어서 물어 보았다.

"서영이구나. 서영이 아빠는 어디 계셔?"

"아저씨구나. 우리 아빠는 멀리 외국에 갔데."

"그럼, 서영이는 아빠 얼굴도 모르겠네."

"응, 아빠 얼굴도 몰라."

그때 서영이 엄마가 문을 열고 내게 눈인사를 하고는

"서영아! 들어와 먹어. 엄마가 다 해놨어."

"응, 울 엄마가 안 매운 떡볶이 해 준댔어."

하며 서영이는 쪼르르 가게로 들어간다.

나도 가게 앞에 더 있을 수 없어 집으로 발길을 돌렸다.

달세를 주고 얻은 원룸 집이다. 그 집에 이사 온 지도 서영이네가 떡볶이집을 시작할 무렵이니까 삼 년째다. 가끔 시골 어머니가 반찬이며 옷가지들을 빨아줄겸 오시긴 해도 혼자살기에 편한 집이다. 때로는 서영이를 집으로 데려와 놀게 하고 싶지만 주변 사람들이 이상하게 볼까 싶어 그렇게도 할 수 없다.

작년 여름이다. 아마 그날이 월요일 오후일 것이다. 서영이 엄마가 한가한 모습으로 서영이를 데리고 가게 근처 공원으로 나와 만났다. 나는 그날 조금 일찍 퇴근해서 잠시 바람을 쐬러 나왔다.

나를 본 서영이는 쪼르르 달려오더니

"아저씨, 요즘은 왜 떡볶이 안 사러와? 떡볶이 먹기 싫어?"

"아니야, 내일 사러 갈 거야."

"정말이지."

"서영이도 보고, 떡볶이도 사고 그럴 거야."

"정말이지?"

"정말이고 말고."

"아저씨, 나 어린이집에서 상 받았다!"

"그래? 무슨 상인데?"

"그림 잘 그린다고 색연필이랑 그림 그리는 종이랑."

"서영이 그림 잘 그리는가 보구나. 커서 화가가 되겠네."

"응, 나 화가될 거야. 울 엄마도 그림 좋아해."

"아저씨도 그림 좋아해?"

"그렇구나."

"그런데 아저씨, 아저씨는 울 엄마랑 친해?"

"암, 친하지 엄마랑 엄청 친해."

"그럼 친한 거 하고 사랑하는 거 하고는 다른 거야?"

그때 서영이 엄마가 얼른

"서영아, 그런 말 함부로 하는 거 아니야. 자 저리로 가서 그네 탈까?"

서영이 엄마는 서영이 손을 잡고 그네가 있는 곳으로 간다.

서영이 엄마가 처녀라면 망설이지 않고 내 마음을 고백했을 것이다. 서영이 엄마는 나의 고백을 거절하지 않을 것이란 믿음이 있기 때문이다. 그녀의 목소리는 상냥하며 여성다움이 몸에 밴 사람 같았다. 나와 나이도 비슷한 30대 후반이며 적당한 키에 늘 화장을 하지 않은 순수한 모습이 내 마음을 더 이끌리게 한다. 한 번도 입술에 립스틱을 바른 것을 보지 못했다.

며칠 후 떡볶이를 사러 갔더니 서영이가 반기면서

"아저씨 왔구나. 나 아저씨 기다렸어."

"그랬어. 나도 서영이 보고 싶었어."

"엄마에게 물어보니까. 아저씨 착한 사람이라 좋데."

그러자 서영이 엄마가 얼른 서영이의 입을 막으며

"서영아, 그런 말 하는 거 아니야!"

"엄마가 그랬잖아. 아저씨 착하다고……"

그런 말을 들고부터는 서영이 엄마가 마치 연인이나 된 것 같은 기분으로 떡볶이를 자주 사러 다녔다. 친구를 만나면 떡볶이를 좋아하는지 여부와 상관없이 서영이네로 향했다. 그 후로 나는 필요 이상으로 떡볶이를 사러 다녔으며 내가 먹기 싫으면 주위 사람들에게 주기도 했다. 내가 그렇게 자주 떡볶이를 사러 오는 이유를 서영이 엄마도 모를 리 없을 것이다.

그래서 그런지

"떡볶이만 너무 드시지 마세요. 소화가 잘 안 될 수도 있어요. 지나는 길에 커피나 한잔 하고 가셔도 되요."

하는 것이다.

나는 서영이 아빠에 대해서 아무것도 모른다. 이혼을 한 것인지, 서영이 말대로 외국에 나가 있는지, 만약 외국에 나갔다면 연락을 할 것인데, 그런 기미가 보이지 않았다. 서영이 아빠에 대해서 확실히 알면 서영이 엄마를 단념하거나, 적극적으로 구애를 하거나 결정을 하겠지만 지금 상태로는 이러지도 저러지도 못하고 나 혼자 짝사랑만 할 뿐이다. 만약 내가 서영이 엄마에게 적극적으로 접근했다가 서영이 아빠가 나타나거나 서영이 엄마가 나와의 관계로 오해를 받거나, 불편한 일이 생기는 것을 나는 원치 않기 때문이다. 서영이 엄마에게 남편에 관해 물어보고 싶지만 그런 것을 아무 때나 물어볼 수도 없는 일이다. 물어볼 수 있는 기회가 오거나 그런 기회를 만들어야 되는데 그것도 쉬운 일이 아니다. 한번은 지나가는 말처럼

"서영이 아빠는 안 계신가요?"

"네, 지금은 없어요."

그런 대답으로는 진의를 알 수 없으며 더욱 서영이 엄마와 남편과의 관계며 남편에 대한 서영이 엄마의 마음을 알 수 없는 것이다. 지금은 없지만 장차 돌아온다는 말인지, 지금 없으니까 앞으로도 없을 것이란 말인지, 감이 잡히지 않는다. 서영이 엄마의 입장이 되어 생각해 보았다. 나도 결혼 정년기가 지난 30대 후반으로 결혼을 했는지 독신인지 애인이 있는지 서영이 엄마도 나에 대해서는 아무것도 모르고 있었다. 내가 말해준 일이 없기 때문이다.

내가 군대간 사이 첫사랑인 현이가 저세상 사람이 되어 오랜 시간 그 괴로움을 경험했지만 이젠 모두 내 마음속에서 정리가 되었고 그저 까마득한 옛추억일 뿐이다.

비록 나이는 비슷해도 나는 총각이고 서영이 엄마는 결혼한 한 아이의 엄마라는 처지가 다르긴 해도 그런 통상적인 것이 사람의

마음을 좌우할 수는 없었다. 특히 남녀관계란 더더욱 그런 것에 매달릴 수 없다는 것을 스스로 체험하고 느끼는 것이다.

하루는 떡볶이를 너무 사러 가는 것 같아서 생각 끝에 예쁜 인형 하나를 사들고 서영이를 찾아갔다. 마침 서영이가 가게에서 놀고 있었다. 인형을 들고 들어가니까 서영이가 반기면서

"아저씨 왔어, 그 인형 나 줄 거야?"

"응 그래, 서영이 주려고 예쁜 인형을 골라 사왔지."

"야! 신난다."

"서영아, 아저씨 고맙습니다 하고 받아야지!"

"아저씨 고맙습니다."

"서영이 그 인형 맘에 들어?"

"응, 나 이런 인형 좋아해. 그런데 아저씨 요즘은 왜 안 왔어. 나 아저씨 기다렸는데."

"서영이가 아저씨 보고 싶었어?"

"응, 아저씨 많이 보고 싶었어. 아저씨가 우리 아빠라면 좋겠다. 그치 엄마!"

서영이 엄마는 서영이의 그런 말을 못 들은 척 했다.

서영이의 그런 말에 나도 얼굴이 붉어짐을 느끼며,

"서영아, 잘 놀아. 아저씨 갈게."

"아저씨 떡볶이 안 가져가?"

"응, 내일 와서 가져갈게. 서영이 안녕."

"아저씨 빠이빠이……."

그후 3일 동안 떡볶이를 사러 가지 않았다. 한 5일 정도 지나서 퇴근길에 떡볶이 집에 갔더니 문이 닫혀 있었다. 간판에 서영이 엄마의 휴대전화 번호가 있어서 전화를 하려다가 참았다. 서영이 엄마에게 무슨 일이 있는 걸까? 한 달에 두어 번 월요일만 문을 닫는데 월요일도 아닌 날에 문을 닫은 것이다. 내일 다시 와보고 문이 닫혔으면 전화하기로 하고 집으로 향했다.

이튿날 퇴근하면서 떡볶이 집에 들렀더니 여전히 문이 굳게 닫혀 있었다. 서영이 엄마에게 전화를 했다.

"여보세요."

"여보세요······ 서영이 어머닌가요?"

"네 그런데요."

"저 서영이 좋아하는 아저씨입니다."

"알아요."

"그런데 왜 이틀씩이나 가게 문을 닫았나요?"

"서영이가 아파서 병원에 며칠 입원을 해야 된다고 해서 지금 병원에 있어요."

"그렇군요. 거기가 어디 병원인가요?"

나는 그 길로 병원으로 달려갔다.

입원실에는 몇 명의 아이들이 있었다. 독감 때문에 폐렴 위험이 있어서 삼사 일간 입원치료를 해야 된다는 것이다. 마침 서영이가 잠들어 있었다. 드디어 기회가 온 것이다.

"서영이 엄마! 우리 이야기 좀 합시다."

"그러시죠."

입원실 옆에 작은 휴게실 같은 곳이 있어 그리로 갔다.

"우선 제 말부터 하지요. 제가 군대에 가기 전에 좋아하는 아가씨가 있었어요. 그녀는 제가 군대에 있는 사이 교통사고로 그만 저 세상 사람이 되었어요. 그후 몇 년 동안 괴로움에 시달리며 그만 결혼 정년기를 지나고 지금은 서른 여덟이 되도록 독신입니다. 부모님은 나 때문에 늘 걱정이지요. 삼 년 전 서영이 엄마를 만나면서 내 마음은 다시 외로움을 느끼면서 짝을 만나야 겠다는 생각이 들었지만 그 상대가 서영이 어머니라는 것을 숨길 수가 없게 되었습니다. 그런데 내 짐작으로는 서영이 아빠가 없는 것으로 생각됩니다만 그런가요?"

"네, 언젠가는 저도 모든 것을 털어놓고 이야기 하고 싶었어요. 실은 서영이 아빠는 중죄를 짓고 형무소에 있어요. 무슨 죄인가는 말하고 싶지 않아요. 그 사람은 내가 임신 초기에 형무소에 갔기 때문에 딸이 있다는 것도 몰라요. 내가 말하지 않았거든요. 서영이에게 아빠가 죄인이란 것을 모르게 하고 싶기도 하고 말하고 싶지도 않았어요. 그 사람이 내게 먼저 말하더군요. 자기를 잊고 재혼하라고. 이혼 수속을 하고 다시는 면회오지 말라는 말에 그러마하고 인연을 끊었지요.

우리 서영이가 아저씨를 좋아하는 것보다 더 당신을 좋아했어요. 하지만 난 이미 아이가 있는 유부녀이고 당신은 총각이잖아요. 내가 감히 좋아해도 될 것 같지가 않았어요."

나는 서영이 엄마의 손을 덥석 잡으며

"당신이 나를 좋아하는 이상으로 나도 당신을 원했어요. 우리

한식구가 됩시다. 서영이는 내가 그동안 숨겨놓은 내 딸이라고 부모 님께 말하면 되고……"

서영이 엄마의 양 볼에서 눈물이 흘러내린다. 나는 그 눈물을 닦아주며 두 팔로 그녀를 힘주어 껴안았다.

백화산

청주 성안길 철 당간에서 동북쪽으로 신흥고등학교 뒤편 남쪽 절벽 아래 사시사철 맑은 물이 샘솟는 작은 암자가 있는 그리 높지도 않고 낮지도 않은 백화산이 있다. 백화라는 이름은 순수한 백색으로 돌아간다는 의미가 있다고 한다. 등산을 즐겨하는 후배의 말에 의하면 백화산에서 청주산성으로 이어진 등산로에서 모자를 눌러 쓰고 검은 안경과 마스크를 착용한 김기철 씨로 보이는 사람을 두어 번 본 것 같다는 것이다.

우리는 사랑하는 사이였으며 결혼도 약속한 사이인데 어느 날 갑자기 전화를 받지 않고 연락이 두절되어 행방도 알 수 없게 되었다. 기철 씨 어머니가 말씀하셨다.

"기철이는 집에 없고, 우리도 행방을 모르니 전화도 하지 말고, 집에 올 것도 없다."

이렇게 의절의 태도를 보이는 것이다. 그 이유를 물어도,

"모른다. 기철이 말은 하지 말고, 다시는 전화하지 마라."

이렇게 말하고는 전화를 일방적으로 끊어버린다.

나는 기철 씨가 무척이나 보고 싶고 그리웠다. 혹시나 하는 마음으로 등산복차림으로 백화산을 거쳐 청주산성으로 이르는 길을 몇 번이나 오갔는지 모른다. 백화산은 그리 높은 산이 아니기 때문에 가볍게 등산할 수 있다.

오전 9시쯤 출발해서 백화산을 거쳐 산성에 이르면 12시가 조금 지나거나 1시쯤이면 청주산성에 도착한다. 산성마을에는 많은 식당이 있어 먹고 싶은 음식을 찾아 점심을 먹을 수 있다.

옛날 청주산성이 축조되기 전에 이곳에 서너 가구가 소나 염소, 닭과 돼지 등을 기르고 작은 연못이 있어 그 물로 벼농사도 지으며 살았다고 한다. 그들은 소나 양, 돼지 등을 몰고 청주 읍성에 나가 옷감이며 소금 등을 마련했다 한다.

어느 날 그 외딴 마을에 스님 한 분이 지나시다가 우물가에서 물 한 모금을 얻어 마시고는 장차 이곳에 외적을 막을 성을 쌓겠다는 말에 우물가에 있던 아낙이 물었다.

"스님! 이곳에 성이 생긴다고요?"

"그럴 것 같군요."

"성이 생기면 외적이 쳐들어와서 전쟁이 일어난다는 말씀인가요?"

"그렇소. 전쟁이 한 차례 지나간 뒤 다시 평온해 지겠지요. 그후 이 안에는 집들이 많이 생겨 큰 마을을 이루게 될 것 같군요. 이

연못과 산세를 보니 장차 음식점이 많이 생기겠네요."

그런 말을 하고는 청주 읍성 쪽으로 갔다 한다.

그렇게 몇 번을 기철 씨를 만날 수 있지 않을까 하는 기대로 백화산을 거쳐 청주산성까지 다녔던 것이다. 그러나 기철 씨는 물론 그와 닮은 사람조차 보지 못했다.

어느 날 성안길에서 기철 씨 여동생을 만나 근처 찻집에 들러 찻잔을 앞에 놓고 둘은 대화를 나눴다.

"언니! 오랜 만이군요……. 언니, 우리 오빠 단념하세요. 오빠는 집을 나간 지 오래됐고 자신을 찾지도 말라며 누구와도 결혼 같은 건 안 한다고 했어요."

"그 이유가 뭐라던가요?"

"그 이유는 말하지 말래요. 언니를 만나면 다른 사람을 만나 결혼하라고 꼭 전하라 했어요."

기철 씨는 청주대학 일 년 선배였다. 우리는 같은 과 동아리로 자주 만나게 되었다. 제 눈에 안경이라 그런지는 몰라도 그는 미남으로 성격도 꾸밈이 없고 쾌활하여 여러 선후배들의 호감의 대상이었고, 인기도 좋았다.

그는 누구보다도 후배인 나를 아껴 주는 사람이었다. 나는 언제나 그를 만나면 나도 모르게 즐거웠고 기철 씨도 나를 만나면 항상 웃으며 양손으로 하트 모양을 만들어 보여주었다. 그런 때문이지 주변의 동기생이나 선후배들은 우리를 서로 사랑하는 연인 사이로 알았으며 나 역시 그렇게 보아 주는 것이 싫지가 않았다. 우리는 서로 구체적인 말은 하지 않았지만 결혼을 약속한 사이처럼 스스럼없이 만나고 식사도 같이 했으며 보란 듯이 팔짱을 끼고, 영화관을 드나들기도 했다. 동아리 발표회가 있으면 그는 늘 나를 도와주었으며 나는 의례 그의 도움을 바라곤 했다.

어느 날 여러 명이 교정을 나서는데, 같은 학년 남학생이 다가와서 말을 걸었다.

"영화표가 두 장 생겼는데 일요일 함께 가지 않을래요?"

나는 그 말에 선뜻 대답을 못하고 있는데 언제 왔는지 기철 씨가 오더니 말했다.

"일요일에 우리 다른 약속이 있어 갈 수 없어."

그는 말을 채 끝내기도 전에 내 손을 끌고 갔다. 나는 기철 씨에게 끌려가면서 말했다.

"일요일에 아무 약속도 없잖아?"

"약속이야 지금 하면 되는 거지."

뒤에 기철 씨는 그 아이와 어울리는 것이 싫어서 그랬다고 했다.

지난 해 겨울 기철 씨가 졸업을 앞두고, 자기 집으로 가자고 하며 막무가내로 내 손목을 잡고 택시를 잡았다.

"갑자기 집에는 왜?"

"오늘 우리 아버지 생신이거든. 오늘 아버지 며느리감을 인사시켜 드리기로 약속했거든!"

나는 기철 씨의 그 말을 기다렸다는 것처럼 당연한 것으로 생각되었다.

"그러면 미리 말을 해야지. 옷도 그렇고 머리도 좀 그렇잖아."

"괜찮아. 이대로가 좋아. 나는 항상 너의 꾸밈없는 이대로를 좋아하거든. 아니 좋아하는 것을 넘어 사랑하거든!"

"피."

기철 씨 집에는 처음이지만 나는 조금도 주저하거나 어색함이 없이 모든 것을 기철 씨 의사에 맡기는 내 자신도 즐겁고 만족스러웠다. 기철 씨 부모님을 만나 공손히 큰 절을 올리자, 기철 씨 어머니는 내 손을 잡으며 말했다.

"반갑구나. 보고 싶었다. 이렇게 보니 오래 전부터 본 것처럼 전혀 낯설지 않구나."

나도 두 분 모두 오래전부터 알고 있던 분들처럼 편안하게 느껴졌다. 기철 씨 여동생도 처음 만났으나 반가운 듯이 말했다.

"언니, 잘 오셨어요. 반가워요."

"반가워요. 오빠를 닮았네. 우리 잘 지내요."

"그럼요. 하나뿐인 언닌데요."

그런 일이 있은 후 나와 기철 씨는 더욱 가까워졌으며 학교 캠퍼스 내에서도 팔짱을 끼고 다닐 정도로 우리는 다정한 사이가 되었다. 기철 씨가 졸업하는 날 우리 부모님을 초대해서 양가 부모님이 자연스럽게 상견례도 했다. 우리 어머니는 기철 씨가 마음에 든다면서,

"네가 졸업하면 결혼식을 하자."

이렇게 말한 어머니는 무언가 졸업선물이라도 하고 싶다며 가까운

문구점에서 만년필을 선물했다.

기철 씨가 학교를 졸업하고 나 혼자 학교를 다니게 되면서 나는 허전함을 느끼고 외로움이란 것을 알았으며 기철 씨가 없는 학교가 쓸쓸하게만 생각되었다. 그래서 취직 시험공부를 한다는 기철 씨를 불러서는 학교가 허전하고 쓸쓸하기만 하다고 호소하며 그를 놓아주기 싫다고 앙탈을 부리기도 했다. 하루는 방과 후 기철 씨에게 전화를 했다.

"며칠 만에 전화하는 거야?"

"한 5~6일……."

"그동안 무얼 한다고 전화도 못해?"

"미안해. 요즘 논문 준비하느라고 그랬어."

"대신 사과하는 의미로 저녁 살게."

"좋지. 급행열차로 달려갈게. 어디야?"

"우리 동아리 모임 끝나고 가던 집 알지?"

"오케이."

요즘은 미칠 것 같은 마음은 다소 안정이 되기도 했지만 그가 그립고 보고 싶은 마음은 날이 갈수록 그 무게가 무거워짐을 피할 수가 없다. 만약 지금 그를 만나면 그를 죽이고 나도 죽어야겠다고 생각하기도 했다. 이제는 눈물도 말랐는지 이불을 쓰고 흐느껴 울지는 않지만 마음 깊은 곳에서 눈물이 우박이 되어 쏟아지는 듯하다.

나는 오늘도 혹시나 하는 마음으로 백화산을 오른다. 이렇게도 하지 않으면 견딜 수 없기 때문이다. 백화산은 아담하고 작은 산이지만 남쪽으로는 가파르고 바위도 많고, 절벽도 있으며 그 절벽 아래 오래된 암자에는 사시사철 맑은 물이 샘솟는 옹달샘도 있다.

옛날 삼국시대 때, 이 백화산 근처에서 전쟁이 벌어졌다. 어느 병사 한 명이 전우들은 죽거나 흩어져 도망치고 혼자 약간의 부상을 입고 이 암자로 숨어들었다고 한다. 사방에 적인지, 아군인지 알 수 없는 병사들이 깔려 있어 어느 방향으로 가야 살아날지 몰라 옹달샘 옆에 있는 작은 돌부처님께 수없이 절을 하며 '부처님 살길을 인도하소서. 집에는 노부모가 이 외아들이 살아 돌아오기를 기다립니다. 살 길을 알려주소서. 인도하여 주소서~'하고 기도했다.

그는 이 암자에서 밤을 새고 새벽 일찍 어디든 가야할 입장이었다. 그는 좀처럼 잠을 이루지 못하고 마음속으로 기도를 하며 잠을 청했는데, 꿈인지 생시인지 암자 앞 나뭇가지에 까치 한 마리가 날아와서 울고 있는데 옹달샘 옆 작은 돌부처님이 손을 들어 그 까치를 가리키는 것이다. 그 병사는 여명이 채 되기도 전에 잠을 깼다. 그는 문을 살짝 열고 밖을 보니 꿈에서 본 그 까치가 암자 앞 나뭇가지에 날아와 울고 있었다. 그 병사는 자신의 칼을 챙겨 그 까치를 따라 남쪽으로 달아나 살 수 있었다고 한다.

전쟁이 끝나고 몇 년 후 그 병사가 다시 이 암자를 찾아와 지난 일을 말하며 며칠 묵으면서 정성스럽게 기도를 하고 갔다고 한다.

백화산 정상에는 간단한 운동기구도 설치되어 있고, 백화산이란 표석도 있다. 그 표석을 몇 발짝 앞두고 남쪽 가파른 내리막

오솔길을 모자를 쓴 남자로 보이는 사람이 내려가는 뒷모습을 얼핏 보았다.

혹시나 싶어서 그 가파른 내리막길을 조심조심 내려가 보았다. 나무 등걸과 바위틈을 빠져나가자 왼쪽 절벽 아래 작은 암자가 있다. 암자 옆에 작은 옹달샘이 있고 그 옹달샘 근처에 할머니 스님이 기다리기라도 하듯 서 계신다. 나는 손을 모아 합장 인사를 드리고 물었다.

"혹시 조금 전에 이리로 어느 남자분이 오지 않았나요?"

그 말에 스님은 대답은 하지 않고 나를 유심히 살펴보더니 입을 열었다.

"오지 않았는데요. 누굴 찾으세요? 혹, 애인을 찾으시나요?"

"네."

나는 옹달샘 물을 한 모금 마시고는 물었다.

"이 아래쪽으로 내려가는 길이 있나요?"

"네, 한참 내려가면 군부대가 나옵니다. 그 군부대를 지나면 큰 길이 나오지요. 그런데 아가씨 다음에 한 번 더 올 수 있나요?"

나는 그 스님의 말에 무언가 느낌이 있어서 말했다.

"올 수 있어요. 내일이라도 다시 올 수 있어요. 집이 청주시내에 있어요. 그런데 왜 그러시나요?"

스님은 내 얼굴을 다시 한 번 살펴보면서 말씀하셨다.

"내일 이곳에 온다는 분이 혹시 아가씨가 찾는 분일 수 있으니까요."

"네. 내일 꼭 올게요. 내일 이 시간에 뵐게요."

"그러세요. 내일 꼭 오세요."

나는 그날 잠을 설치며 기대 반 의문 반의 긴 밤을 보냈다. 다음날 아침밥을 먹는 둥 마는 둥 하고 근심 가득한 눈으로 바라보는 어머니의 시선을 뒤로 하고 등산복을 입고 백화산을 향했다. 어제와 같이 백화산 정상에서 남쪽 가파른 내리막길을 따라 암자에 이르렀다. 예의 그 스님이 기다리고 계셨다. 스님은 나를 작은 법당으로 안내하시더니 삼배를 마친 내게 봉투 하나를 건네며 말했다.

"이 편지를 전한 분은 이곳에서 약 한 달 동안 은거하면서 늘 부처님께 예배드리고 금강경을 독송하면서 소일을 하셨지요. 그분은 오늘 새벽 일찍 이곳을 떠나면서 아가씨가 오면 이 편지를 전해달라고 하면서 어디론가 떠났어요."

"그 분이 기철 씨인가요?"

"그 편지에 김기철이란 이름이 있더군요. 나도 그분 이름이 기철이라는 것을 오늘 처음 알게 되었어요. 그분은 대학을 졸업하고 시험공부를 하던 중 친구들과 캠핑을 갔다가 천막 안에서 잠을 자는 동안 천막에 불이 붙었는데, 그 불붙은 천막이 얼굴에 떨어져 얼굴에 큰 화상을 입었답니다. 그의 얼굴은 일그러져 전혀 옛 모습을 알아볼 수 없게 되었고, 한쪽 눈도 실명하여 볼 수 없게 되었지요. 그래서 그는 세속의 모든 것을 버리고 불가佛家에 귀의하였다고 하더군요. 어제 아가씨가 뒤따라오는 것을 알고는 나더러 모른다고 말해달라고 하면서 내일이나 다음날 다시 오라고 부탁했지요. 어제 그는 저 뒤 골방에 숨어있었답니다."

나는 그 자리에 주저앉아 떨리는 가슴을 진정시키며 편지를 펴 보았다.

편지의 내용은 이랬다.

'네게 꼭 하고 싶은 말은 나는 너를 절대 사랑하지 않았다는 말을 하고 싶었고 지난 과거에 얽매이지 말고 새 출발을 하라는 말을 하고 싶을 뿐이다. 괴물 김기철.'

"아니야! 아니야! 이건 아니야! 거짓말이야. 모두가 거짓말이야."

그래서 김기철은 물리적 감각과 형상을 버리고 영원한 대자유의 길을 선택했다.

욕쟁이 할머니

대추나무집 할머니는 욕쟁이라 소문이 났다. 그 집은 소머리국밥집으로도 유명하다. 국밥집 마당에 큰 대추나무가 있어서 대추나무집이라 하고 그냥 욕쟁이 할머니 국밥집이라 해도 청주에서 모르는 사람이 없었다. 이 집 국밥은 양도 많고 진국이라 멀리서도 찾아온다. 큰 뚝배기 그릇으로 고기를 듬뿍 넣어 다른 집 국밥 가격과 같으면서 양은 두 배 정도 된다. 배고픈 시절이라 양 많고 맛이 좋으니 언제든지 사람들로 북적였다. 한 그릇만 먹으면 배가 절로 일어난다.

그런데 대추나무집 욕쟁이 할머니는 어른이건, 남자건, 여자건 가리지 않고 욕을 퍼붓는다.

"이놈아! 천천히 처먹어! 누가 안 빼서 먹으니!"

그 집 소머리국밥을 먹으러 가면 손님 대접은 고사하고 욕을 바가지로 얻어먹기가 일쑤다. 사람들은 욕을 얻어먹어도 기분이 나쁘거나, 언짢게 생각하지 않는다. 할머니의 육두문자 속에는 어머니 같고 할머니 같은 정이 담겨 있기 때문일 것이다.

"할머니. 지가유, 돈이 좀 부족한디 국밥 한 그릇 줄라유?"

"돈이 얼마나 부족한디?"

"주머니 툭툭 털어서 3백 원밖에 안 되는디유."

"그럼. 처먹을 만혀. 들어와. 퍼질러 앉아. 한 그릇 줄 텐께."

"고마워유."

"인사치레할 것 없어. 3백 원 어치만 줄 텐께."

"아니, 3백 원 어치가 이렇게 많아유. 한 그릇 가득이네."

"이놈아! 잔소리 말고 처먹거나 혀!"

돈이 적으면 적은 대로 제값을 주면 주는 대로 한 뚝배기씩 퍼 주는 것이다.

"이렇게 퍼 주고도 남아유?"

"이놈아! 남 걱정 말고 니놈 걱정이나 혀."

"할머니, 국밥 한 그릇 주세요. 그리고 수육 한 대접과 소주 한 병도 주세유."

"혼자 먹을 거여?"

"혼자 먹지, 떼로 먹나유?"

"이놈아! 혼자 처먹을 거면 국밥 처먹어 보고, 수육은 천천히 시켜도 돼. 괜스레 돈만 퍼주고 수육은 남기려고 그려!"

"네. 그럼 그렇게 하지유."

"늙은이가 지 잘되라고 시키지, 못되라고 안 시켜, 이놈아!"

욕쟁이 할머니 김점순 씨는 6·25때 남편이 전쟁에 나가 양쪽다리를 모두 잃고 왼쪽팔도 심줄이 잘못되어 일급 장애인도 모자라는 특급 장애인이 되어 돌아왔다. 국가유공자라 하여 매달 연금으로 조금씩 나오기는 하지만 그것으로 네 식구 입에 풀칠하면 남는 게 없다. 위로 아들이고 아래로 딸이 있어 두 남매를 먹이고 입히고 공부시키려면 돈을 벌어야 한다. 불구의 남편 수발해야 되고 어린 두 남매를 기르면서 안 해본 일이 없었다. 특별한 기술도 없고 배운 것도 없으니 산전수전을 다 겪었다. 요즘말로 공중전까지 겪으며 살아왔다.

헐벗고 굶주린 어려운 시절에 누구나 다 고생스럽게 산 세월이지만 김점순 할머니는 남편의 몫까지 다 해야 할 고달픈 삶을 살아온 것이다. 돈이 되는 일이라면 남자가 해야 할 일과 여자가 해야 할 일을 가리지 않고 해야 했다. 집짓는 막노동판에 가서 질통도 져보았고, 산에 벌목하는데 따라다니며 남자도 힘든 벌목 일도 했으며, 집집마다 돌아다니며 도배나 장판 끼는 일도 하였다.

어느 날 식당에 손님이 꾸역꾸역 들어오는데, 집에서 전화가 왔다. 남편의 목소리였다. 아이들은 학교에 가고 없는 시간이었다.

"여보! 나좀 꺼내주고 가. 지금 장롱 사이에 끼어서 꼼짝도 못하고 있어!"

장롱 사이에 끼여 있다니, 혼자서는 움직이기도 어려운 사람이, 장롱 사이에 끼이다니.

"내 집에 얼른 다녀 올테니 손님들 국밥 좀 퍼주고 김치도 내주구려."

일을 거들던 아줌마가 몸이 아파 며칠째 나오지 않아서 요즘 혼자 식당일을 하고 있었다. 단골로 오는 남자 손님에게 잠시 일을 맡기고 집으로 향했다. 집까지는 그리 멀지 않아서 뛰어가면 10분이면 도착한다. 집에 와보니 남편이 혼자 휠체어를 타려다가 무엇에 걸려서 휠체어가 비스듬히 쓰러져 장롱과 찬장 사이에 박혀서 겨우 전화선을 잡아당겨 전화를 했던 것이다. 만약 전화선이 손에 잡히지 않았다면 아이들이 학교에서 올 때까지 그대로 옴짝달싹 못하고 있어야 했을 것이다.

속상하기도 하고 불쌍하기도 해서 소리를 버럭 질렀다.

"가만있지 왜 지랄이여, 그 몸을 해 가지고!"

남편을 제자리에 앉혀 놓고 부랴부랴 식당으로 돌아왔다. 돌아와보니 자기 대신 국밥을 퍼주며 깍두기를 담아 놓은 걸 보니 양을 제대로 주지 않았다.

"이놈아! 지 국밥도 아니면서 국밥이며 깍두기를 아끼고 지랄이여!"

"나는 조금이라도 아끼려고……."

"내가 언제 너더러 아끼라고 했어. 불알 달린 놈이 그렇게 손이 작아서야 어디다 써!"

"미안해요……."

"너는 한 그릇도 안 되는 것 처먹고 배때기가 부를 것 같냐."

잠시이긴 하지만 일을 거들어준 보람도 없이 욕만 얻어먹었다. 욕쟁이 할머니는 고기 바구니를 들고 다니면서 그릇마다 고기를 듬뿍듬뿍 넣어주며 말했다.

"이놈아! 이제 그만 가봐. 내일 점심 때 와. 오늘 욕먹었으니 내일 국밥 한 그릇 공짜여!"

욕쟁이 할머니가 국밥집을 하기 전 젊었을 때 일이다. 다른 일거리가 없어서 그냥 있을 수 없어서 닭집에 가서 닭똥집과 닭발을 사와 좌판에 놓고 팔고 있을 때이다.

남편이 하루 종일 집안에 있어서 바깥바람을 좀 쐬고 싶다고 해서 휠체어에 태워 남의 가게 근처 좌판 옆에 세워두고 장사를 하고 있었다. 무엇을 하다 덜미를 잡히게 생겼는지 건장한 청년 둘이 후다닥 쫓기면서 달려오더니 남편 휠체어를 넘어뜨려 남편은 시장바닥에 나무토막처럼 나뒹굴었고 닭똥집 좌판은 청년들의 발에 짓밟혀서 엉망이 되었다.

점순 아주머니는 남편을 얼른 휠체어에 다시 앉혀 놓고 흩어진 닭똥집을 주섬주섬 쓸어 담으며 울기 시작했다. '육시랄 놈들! 눈알도 없나!' 이웃가게 사람들이 몇 마디씩 위로의 말을 해주지만 점순 아주머니에게는 위로가 될 수 없다.

그로부터 점순 아주머니는 세상을 향해 욕지거리가 나오기 시작했다. 사람이 미워서라기보다 자기 신세를 생각해서 세상에 대한 한풀이겸 분풀이로 욕지거리를 시작한 것이 세월이 가면서 버릇이 되고 습관이 되었다. 아무나 보고 '이놈 저놈, 육시랄, 미친놈 지랄하네, 처먹어라, 배때기, 불알찬 놈, 젖퉁이, 내두를 년' 등등 닥치는 대로 육두문자가 쏟아져 나왔다. 별 악의 없이 내뱉는

욕이라서 웬만한 사람들은 그냥 지나치지만 같이 욕을 하며 덤버드는 사람도 있었다.

"이년아, 이건 내 입버릇이여. 네년이 미워서 그러는 게 아니여."

이렇게 말하면 대부분의 사람들은 수그러든다.

아직 어린 아들은 툭 하면 울고 들어온다. 아이들이 놀린다는 것이다. 그때마다 점순 아주머니는 어린 아들을 달래며 말했다.

"이놈아! 그놈들은 아무것도 모르는 놈들이여. 역적이나 마찬가지여. 너의 아버지는 이 나라와 국민을 위해 전쟁터에 나가 싸우다가 그렇게 된 자랑스러운 애국자여. 너는 그런 애국자의 아들이고. 저놈들은 어림도 없는 일이여. 누가 누굴 흉보는 거여. 육시랄 놈들! 옛날로 말하면 욕하는 놈들은 역적이다. 역적! 이 역적 놈들아! 까불어라. 나는 이 나라 충신의 아들이다. 그러니 공부나 열심히 해야지. 울긴 왜 울어. 이놈아! 당당하게 살아야 충신의 아들이지."

세상은 점점 어려워지고 나라는 나라대로 시끄럽다.

정치한다는 놈들은 부정선거를 해서 데모가 일어나고 서울거리는 날마다 데모가 벌어지고 대학생은 물론 중, 고등학생까지 거리로 뛰쳐나와 물러가라고 아우성이다. 부통령을 하던 사람은 그 아들에게 죽음을 당해 집안이 망하고 결국에는 이승만 대통령도 물러나게 되었다. 부정선거를 한 정치인들은 물론 정치깡패라고 하는 사람들이 각기 죄목에 따라 처형되었다. 그리고 박정희 장군이 군사혁명을 일으켜 정권을 잡게 되었다. 곧이어 새마을운동이 시작되고 경부고속도로 건설과 서독으로 인력을 수출하여 광부와 간호사가 파견되었다. 매년 되풀이 되는 지긋지긋한 보릿고개를 없애기 위해 통일벼라는 것이 나왔다. 통일벼는 밥맛은 좀 떨어지지만 기존 쌀보다 서너 배의 수확량이 많았다고 한다. 당시 남자들은 장발을 하였고 여자들은 미니스커트가 유행이었다. 풍기문란이라고 경찰들이 가위를 들고 거리로 나와 장발머리를 가위로 자르고 미니스커트 입은 여자들에게는 자제를 당부하는 진풍경도 있었다.

월남전 참전도 있었는데, 당시 욕쟁이 할머니 아들도 맹호부대로 지원하여 월남전에 참전했다. 그는 육사를 나와 소위로 임관되었다.

그 즈음 점순 아주머니는 대추나무집을 빌려 소머리국밥집을 차렸다. 인심 좋은 소머리국밥집은 장사가 잘 되었는데 욕쟁이 할머니 국밥집으로 더 유명해졌다. 미니스커트를 입은 노출이 좀 심한 젊은 아가씨들이 소머리국밥을 먹으러 왔다.

"이년들아! 그러지 말고 젖탱이 내놓고 홀라당 벗고 다녀라. 그래야 사람들이 구경하지. 육시랄 년들!"

"별놈의 늙은이 다 보겠네. 남이야 입고 다니든, 벗고 다니든 무슨 상관이야!"

"이년들아! 다 너희들 위해서 하는 소리여!"

"누가 그런 거 위해 달랬나? 이 놈의 집구석에 다신 오나 봐라!"

그들은 이런 말을 하고는 문이 부서져라 닫고 나간다.

"이년들아! 젖통이 내놓고 흔들고 다녀라. 육시랄 년들! 이년들아,

너희들한테 국밥 안 판다. 저년들 오늘 나한테 욕을 바가지로 처먹었으니 재수 좋겠다. 암 좋고말고."

그 말이 또 소문이 되었다.

욕쟁이 할머니한테 욕을 먹으면 재수가 좋다고 하는 소문이다. 세상에 욕을 먹고 재수가 좋아진다는 법도 있던가? 사람의 심리란 묘하기 그지없다.

그후로 국밥집에 오는 손님 중에 '욕쟁이 할머니 욕을 얻어먹으면 재수가 좋아진다!'라는 글을 써 벽에 붙여 놓았다.

그래서 그런지 국밥집에 오는 손님들은 욕쟁이할머니의 거칠고 원색적인 욕을 먹어도 빙그레 웃을 뿐 화를 내거나 기분 나빠하는 사람이 없다. 돈을 번 욕쟁이 할머니는 어느 불교대학에 장학금으로 적지 않은 돈을 기부하였다고 한다.

아들이 월남전에서 공을 세워 계급이 특진되어 국내 어느 부대의 부대장으로 오게 되었다는 것이다.

어느 날 아침 방송에서 박대통령이 안가에서 서거했다는 방송을 듣고 남편과 통곡을 했다고 한다. 절에 가서 대통령의 명복을 빌고 돌아와서 국밥집을 정리하고 대청호 어느 한적한 마을에 아담한 집을 장만해서 조용히 살았다고 한다. 욕쟁이 할머니 내외분은 똑같이 어느 스님이 하신다는 생명나눔실천본부에 자신들이 죽은 다음 모든 장기를 기증하겠다고 했다고 한다.

그 할머니의 아들은 뒤에 육군 장성이 되었고, 딸은 경찰이 되었다고 한다. 사람들은 이제는 욕쟁이 할머니의 욕을 들을 수 없지만 모진 환경 속에서도 아들딸을 훌륭히 길러낸 훌륭한 어머니라고 입을 모았다.

방아다리

청주 시청에서 북쪽으로 시내버스 한 구간 정류장을 방아다리라
한다.

과거 일제시대에는 이곳을 오정목이라 했다. 지금 청주 시청 옆에
청주 역사驛舍가 있었고 청주역에서 북쪽으로 가까운 거리에 있는
방아다리를 지나는 기차가 기적을 울리며 지나가는 시간이 정오라서
그때는 이곳을 오정목이라 했다고 한다.

그 시절에는 성안길을 본정통이라 했다. 지금은 뒷길이 됐지만
그때는 본정통이 청주 중앙대로였다. 청주 중심가에 있는 철당간에서
남북으로 약 2㎞ 거리를 본정통이라 부르다가 이제는 옛이름을
되찾아 성안길이라 부른다. 성안길과 연결된 청주시청 뒷길로 북쪽
끝에 방아다리가 있었다. 방아다리 옆으로 충북선 철길이 있고 철길
옆으로 작은 다리가 있고 그 다리 옆에 디딜방앗간이 있었는데

옛날에는 주변 농가에서 그 디딜방아를 공동으로 사용했다고 한다. 일제 때 디딜방앗간이 없어지고 그 자리에 기계식 방앗간이 생겼다. 그래서 한동안 오정목이라 불리다가 이 역시 옛이름을 찾아 방아다리라 부르게 되었다.

지금은 복개공사로 과거의 흔적은 없고, 주변에는 고층건물과 고층아파트가 들어서서 옛정취를 찾을 수 없지만 그 시절에는 방아다리 방앗간집은 방도 여러 칸이 있고 큰 사랑방도 있고 말을 매어 두거나 소달구지를 세워 둘 수 있는 넓은 마당도 있고 그 마당가에는 여름이면 시원한 그늘을 만들어 주는 큰 느티나무도 있었다 한다.

방아다리집 주인 임정규 씨는 주변에 논과 밭이 있었고 방아도 운영해서 그 당시로는 부유한 생활을 했다. 임정규 씨 내외는 외동딸을 두었는데 이름을 보현이라 했다. 보현이는 방아다리 처녀라 부르기도 했다. 일제 강점기가 되자 서양 물질문명을 일찍 받아들인 일본인들이 들어오자 우리나라도 급속한 개화기로 접어들었다. 보현이는 그 당시 보기 드문 고등교육(신교육)을 받은 신여성이라 할 수 있었다.

보현이의 아버지 임정규 씨는 뒷뜰 장독대 밑에 큰 항아리를 묻어 놓고, 귀중품이나 돈을 거기에 보관해 두었다. 그 사실을 그의 아내나 보현이가 아는지 모르는지는 알 수 없지만 안다 해도 집안 공동의 비밀이라 모르는 척 하는 것 같았다.

시내 본정동 거리에 일본인이 경영하는 작은 은행이 있었으나 우리나라 사람들은 잘 이용하지 않았다. 보현이 집에는 가끔 낯선 사람이 와서 하룻밤 묵어가거나, 임정규 씨와 무슨 귓속말을 나누기도 하고 가방에 무엇인가를 챙겨가기도 한다.

보현은 도교육부에서 실시한 시험에 합격하여 소학교(초등학교) 교원이 되었다. 보현은 훈육선생(그때는 초등학교에도 훈육 담당선생이 있었다 한다)의 눈을 피해 가면서 아동들에게 우리 한글을 가르치고 우리 역사를 이야기해 주기도 한다. 만약 그 사실을 훈육선생이 알면 그 즉시 교원 자격을 박탈당하고 학교를 그만두어야 한다.

보현은 학교에서 퇴근하면 부모님을 도와 방앗간 일을 거들었다. 그래서 방아다리 처녀라 부르는지도 모른다.

어느 날 밤 자정쯤에 보현의 방을 두드리며 아버지가 다급하게 말씀하셨다.

"보현아! 아버지다. 자니? 문좀 열어라. 어서! 불은 켜지 말고 문만 열어라."

보현은 잠결에 아버지의 나직하나 다급한 목소리에 무언가 심각한 사정이 생긴 것이라 생각하고 얼른 일어나 문을 열었다.

아버지 옆에는 건장한 청년이 어둠 속에 서 있다. 아버지는 다급한 목소리로 말했다.

"이 분을 너의 장롱 속에 숨겨드려라. 그리고 문을 잠그고 태연히 다시 잠자리에 들어라. 문을 안으로 잠가야 한다."

그 청년은 보현의 답을 기다리지도 않고 신발을 벗어들고 방으로 들어와 장롱 속으로 급히 몸을 숨긴다. 보현은 다시 방문을 잠그고 태연히 이불 속으로 들어갔다.

잠시 뒤 호루라기 소리가 들리면서 여러 사람의 발자국 소리가 시끄럽다. 대문을 두드린다. 아버지가 나갔다.

"여기 누구 들어온 사람 없소?"

"아무도 없는데 왜 그러시오. 도둑이라도……."

"고등계 형사요. 잠시 집을 수색할테니 방마다 불을 밝히시오."

"그러지요."

방마다 문 여는 소리와 어지러운 발자국 소리가 나더니, 드디어 보현의 방 앞에 와서 멈춘다.

아버지의 음성이다.

"보현아! 자니? 보현아, 문좀 열어라. 방에 불도 켜고."

보현은 잠에 취한 음성으로 대답했다.

"왜 그러세요. 아버지 저 잠옷차림이에요."

"어서 문 열어라."

보현은 방에 불을 켜고 문을 열고 밖을 내다본다.

순사 몇명과 사복형사 두 명이 문 앞에 서 있다.

사복형사 한 명은 보현의 학교에서 몇번 본 듯한 사람이다.

그는 얼른 보현을 알아보고 말했다.

"아! 임 선생이시군요. 이거 밤늦게 죄송합니다."

"어머! 고등계 형사부장님이시군요. 이 밤중에 무슨 일인가요?"

"이 근처로 수상한 놈이 도주해서 혹시나 하고 수색중입니다."

"그러시군요. 보시다시피 저는 늘 안으로 문을 잠그고 자기 때문에 아무도 들어올 수 없지요. 제 방을 수색해 보시려면 하세요."

하며 문을 활짝 열고 몸을 비켜주었다.

"아! 아닙니다. 선생님 방에는 아무 이상이 없는 것 같군요. 실례했습니다. 걱정말고 주무세요."

그렇게 말하고는그들은 우루루 밖으로 나갔다.

얼마 후 그들이 멀리 간 것을 확인한 임정규 씨는 옷 보따리 같은 것을 들고 오더니 말했다.

"이제, 나오시요. 이 선생!"

이 선생이란 분이 보현의 옷장에서 나온다. 그는 보현과 비슷한 나이로 스물대여섯 정도 된 잘생긴 장부였다. 어색한지 말문을 열었다.

"이거 실례가 많았습니다. 큰 누를 끼칠뻔 했군요."

"내 딸입니다. 인사해라. 너도 짐작은 했겠지만 이 분은 독립운동가다. 나는 이분들 뒤에서 작은 힘이나마 보태고 있다."

"저도 짐작은 했지요, 저도 기회가 되면 돕고 싶어요."

"고맙습니다. 보현 씨!"

그는 보현이의 손을 덥석 잡으며 말했다.

"우리들 작은 힘이 합치면 큰 힘이 되고, 언젠가는 조국 광복이 되겠지요."

"자! 어서 이 옷으로 갈아입고 이걸 챙기고 떠나세요. 동이 트기 전에 이곳을 빠져 나가야 됩니다. 여기서 북쪽으로 곧장 가면 밤고개가 나옵니다. 그 고개는 밤나무가 많고 주변에는 잡목이 우거져 있고 인적이 드물지요. 그길로 해서 내수 오창까지 통하지요.

밤고개 서쪽 등성이 밑으로 초가집 세 채가 있습니다. 가장 뒷쪽에 있는 집이 김 동지네 집입니다. 며칠 전에 이 동지가 올 것이라 귀뜸해 주었지요."

"알겠습니다."

그는 아버지가 준 두루막을 걸치고 보따리는 옷속 허리춤에 묶고 보현에게 눈 인사를 하고 나갔다.

보현은 그를 처음 만났지만 나라를 위해 목숨을 걸고 활동하는 그 충정과 기백을 그 잘생긴 얼굴이 말해주는 듯 했다.

"아버지, 저분 이름이 어떻게 되요?"

"이영준이라 한다. 상해 임시정부 요인이며 이번에 청주, 충주, 제천을 거쳐서 자금을 받아가는 임무를 띠고 오신 분들 중 한 분이다. 이 선생은 아직 젊지만 나라를 위한 투철한 사명감으로 활동하고 있다. 그는 학문도 깊고 여러모로 유능한 젊은이란다."

"그렇군요! 그 분을 언제부터 알게 되셨어요?"

"작년 경성에 갔을 때 한 3일 같이 지내게 되었다. 그 분의 할아버지가 대원군 시절에 예조에 계셨다더라."

"그렇군요."

"주인장, 계십니까?"

새벽 먼동이 트기 시작할 무렵 밤고개 김 동지의 집 싸립문 앞에 당도한 이영준이 주인을 찾았다.

주인 김 동지가 나왔다.

"이영준입니다. 방아다리 임정규 씨가 이곳을 알려주더군요."

"기다리고 있었습니다. 어서 들어오세요."

사랑방에 좌정한 두 사람은 서로 인사를 나누었다.

"오늘 낮 동안 신세를 지겠습니다."

"며칠 계셔도 됩니다."

"아닙니다. 오늘 해질 무렵, 떠나서 충주에 간 동지와 만나기로 했습니다."

"편리한 대로 하시지요. 우선 쉬고 계세요. 아침식사를 하셔야지요."

"네, 이곳으로 오면서 보니 집터가 아주 좋아 보이더군요. 집 뒤로 나즈막한 산이 병풍처럼 감싸고 있고 앞은 확트여 청주가 한눈에 들어오더군요."

"제가 아는 어느 지관도 그런 말을 하더군요. 이 집에 사는 사람은 건강하고 식복도 따른다고 말하던군요."

"정말 좋은 곳에 사시는군요. 오래오래 사시면서 후손에게 물려주세요."

"그렇게 할 생각입니다."

"우리나라에는 이와 같은 명당자리가 무수히 많다 하더군요. 그 지맥地脈은 위대한 영웅이나 도인道人을 탄생시키는 근본이 된다고도 합니다."

"그래서 금수강산이라 하는지도 모르죠."

"왜놈들은 이 나라를 탐내고 침략을 일삼더니 이제는 이 나라 지맥을 끊어 놓으려고 요지를 찾아다니며 철 말뚝을 박는다고 하더군요."

"이 나라를 목숨을 바쳐 지켜야 합니다. 국토 전체가 명당으로 꾸며진 나라는 지구상에 이 나라뿐이라 하더군요. 그래서 난개발을 함부로 해서도 안 되며 잘 지켜 자손만대로 물려줘야 합니다. 동북 간방에 위치한 이 나라를 세계의 축이라고도 합니다."

아침식사를 한 뒤 김 동지는 금강경과 맹자를 가져다 주며 무료하니 읽으라 했다.

"책도 보시고 밤새워 활동하셨으니 좀 주무세요."

"그렇게 하지요."

이영준은 하루종일 방에서 책도 보고 잠도 자며 종이에 무언가를 끄적이며 시간을 보내고 일찍 저녁을 먹고는 떠날 준비를 했다.

"이제 떠나시게요?"

"네, 슬슬 움직여 봐야지요."

집주인 김 동지는 방바닥에 떨어진 메모지를 보며,

"이건 무언가 쓰신 것 같은데 버려도 되나요?"

"네, 버리세요. 어제밤 잠시 방아다리 임 선생 댁에서 따님인 보현이란 처녀를 만났지요. 그래서 몇자 끄적거려 보았습니다. 별것 아니니 버리세요."

"임 선생네 무남독녀 외동딸이요. 주변에서 착하고 인물 좋은 규수라 소문이 자자하지요. 방아다리 처녀라고도 하고요. 얼마 전에 소학교 선생이 되었다다군요."

"그렇군요."

이영준은 대수롭지 않은 듯 집을 나섰다.

김 처사는 이영준이 버린 메모지를 펴본다.

두세 번 읽어보고는 중얼거린다.

"조국을 빼앗긴 이 나라 젊은이들의 비극이로구나. 비극이야……"

며칠 후 밤고개 김 거사가 방아다리 임정규 씨를 찾아왔다. 그는 보현의 아버지와 이런저런 이야기를 나누더니 이렇게 말했다.

"지난 번에 이영준 청년이 우리 집에 잠시 있다가 가면서 떨어뜨린 게 있어 버릴까 하다가 보현이와 관련된 것이라서 가지고 왔네."

그때 마침 보현이 학교에서 퇴근해 오다 그 말을 들었다.

"아저씨! 오셨군요. 저와 관련된 것이라니요? 뭐가요?"

"응, 이거 지난 번에 이영준 청년이 우리집에 잠시 있다가 가면서 떨어뜨린 건데. 그냥 버리라고 하는 것을 가지고 왔다. 너와 관련되기도 하고. 그 사람 마음이 담긴 것 같아서……"

"어디 보세요."

보현은 그 메모지를 펴 본다.

"오랜 세월 찾아다니던 함께 하고픈 소중한 사람……. 그러나 조국을 빼앗긴 우리. 사치스러운 생각일 뿐. 보현 행복하기를……"

몇번을 읽어보던 보현은 눈시울이 붉어지며 말했다.

"아저씨, 이거 제가 가져도 되지요?"

"그래라. 그가 너를 두고 한 말 같으니 네가 가져라. 네게 보여주려고 가지고 왔으니까."

보현은 방에 들어와 이영준의 모습을 그리는 듯 잠시 시선을 한

곳으로 보내더니 중얼거린다.

"오랜 세월 찾아다니던 함께 하고픈 소중한 사람. 그…… 그분도 내 마음과 같았구나. 나도 당신을 오랜 세월 찾아다니던 사람 같았어요. 아……; 이런 것이 운명일까."

보현은 그 메모지 말미에 몇 글자 쓰더니 소중히 간직한다.

보현은 학교에서 형사부장을 만났다. 인사를 하고 아무말도 안하면 안 될 것 같아서 이렇게 말했다.

"저번에 도주했다는 수상한 사람은 잡으셨나요?"

"아, 그거요. 못 잡았습니다. 별 것 아닌 것 같았습니다. 그때는 실례가 많았습니다."

"아니예요. 도와드릴 수 있으면 도와드려야지요. 고맙습니다."

어느 날 보현은 교내에 외부손님도 없고, 훈육선생도 안 보여 조용한 것 같아서 교실에 들어와 어린 학생들에게 이야기를 시작했다.

우리 민족은 가장 오래된 역사를 가진 단일민족으로 동방예의지국이라 칭송을 받아왔다. 우리 민족의 경전이라 할 수 있는 한단고기는 참 진리와 오묘한 철학이 수록되어 있다. 우리는 그 어느 민족과도 견줄 수 없는 우수 민족이다. 그런 민족을 가르키고 이끌어주신 최초의 민족 지도자이며 임금이 단군이시다. 일본이 무력으로 이 나라를 빼앗아 우리 글 우리 말을 못 쓰게 하고 우리 민족의 얼까지도 왜곡되게 말하고 있다. 심지어는 단군도 실제하지 않은 전설적 인물이라 억지주장을 하고 있다. 과거에 일본은 우리나라로부터 모든 것을 배워간 미개하고 보잘 것 없는 국가였다. 그들은 임진왜란 이전부터 우리나라를 탐내 침략을 일삼더니 이제 이 나라를 완전히 정복한 것으로 알지만 천만의 말씀이다. 우리는 저희들보다 무력이 약하지만 저들이 넘볼 하찮은 민족이 아니라는 것을 알게 될 것이다.

이와 같은 말을 하게 된 것을 훈육선생이 알았다. 보현은 바로 교사 자격이 박탈되고 학교를 그만두게 되었다.

학생을 지도할 자격이 없으니 그만두라는 것이다. 보현은 차라리 잘된 일이라 생각되었다. 저들이 내주는 교과서나 교제는 모두 이 나라 이 민족의 뿌리까지 말살하거나 왜곡된 것일 뿐이다. 그런 것을 우리 아이들에게 가르친다는 것은 조상과 민족을 배신하고 반역하는 행위가 되기 때문이다.

보현은 무겁고 벅찬 남의 짐을 짊어진, 불쾌한 짐을 벗어던진 홀가분하고 상쾌한 기분으로 학교를 나올 수 있었다.

교문을 나서면서 이 나라와 민족을 위해 무엇인가를 해야겠다는 의지가 두 주먹을 쥐게 한다.

"아버지, 저 학교 그만뒀어요."

"그래, 잘했다. 이런 날이 올것이라 짐작했다. 집에 있다보면 좋은 일이 생기겠지. 그리고 시집도 가야되고."

"저도 나라를 위해 무엇인가를 해보고 싶어요."

"당분간 집에서 쉬어라. 며칠 후 나는 경성에 좀 다녀와야 겠다."

"경성에 왜요?"

아버지는 나직한 목소리로 말했다.

"금괴를 전해줘야 된다. 한 사람이 상해까지 운반하면 의심을 받을 수 있어 두세 사람이 교대로 운반하는 것이 좋을 듯 하다. 내가 첫 번째 운반책이다."

"아버지, 그거 내가 하면 안 될까요?"

"네가! 넌 연약한 여자야!"

"여자가 더 유리할 수 있어요. 의심도 덜 받고……"

"그래. 좀 생각해보자."

"운반할 양이 많은가요?"

"얇게 만든 것이라 가방 밑바닥에 감추고 아래위로 두꺼운 가죽을 덮어서 밀봉을 해야 한다."

"아버지! 제가 갈께요. 제 목긴 신발에도 감출 수 있어요."

"그것도 좋겠구나. 좀 더 생각해 보자."

"제가 할께요. 남자보다 여가가 의심을 덜 받아요. 훌륭하게 완수하고 올께요."

"쉽게 생각해서는 안 된다. 놈들에게 발각이 된다고 해도 독립자금이 아닌 개인적인 밀무역으로 해야 한다."

"알아요."

경성으로 떠나는 날, 아버지는 그리 크지도 작지도 않은 가죽가방한 개와 삼배 천으로 만든 노란 리본을 가슴에 달아주며 이것은 부모상을 당한 상주라는 표시이다.

"금괴운반책이라는 표시도 된다. 이 가방 밑에는 금괴가 있다. 자, 열어보아라. 이 한지에 작은 봉지들은 경명주사(붉은 광물질)와 한약제다. 그리고 이 작은 오동나무통들은 웅담(곰쓸개)이 들어있다. 물론 소의 쓸개로 가짜이다.

그리고 이것은 경성과 평양 일대에 있는 한의원 주소다. 그리고 이 증서는 한약제 무역거래 허가증이다. 이 허가증은 가짜가 아닌 진짜다. 총독부 낙인이 찍혀있다. 웅담은 우리나라에서도 생산되지만 경명주사는 우리나라에 없다. 당제라 하여 옛날 당나라에서 생산되는 광물질이다. 이 역시 한약제로 사용되는 귀한 약재로 값도 비싸다.

혹시 놈들에게 수색을 당하게 되면 일 년에 한두 번 백두산 근처로 가거나 중국 국경지대로 가서 웅담이나 경명주사를 구해온다고 해라. 이 한약재 무역거래 허가증은 그때 요긴할 거다. 화장실에 갈 때도 이 가방은 들고 가야되고 잘 때도 베고 자거나 안고 자야 한다.

그리고 경성 종로 2가에 가면 종로찻집이 있다. 그 찻집 맞은 편에 서울여관이 있다. 그 여관주인도 우리 동지이다. 너의 가슴에 단 삼베리본을 보고 금괴 운반책이란 것을 알게 될 것이다. 여관주인은 널 한적한 방으로 안내할 것이다. 그 방에 묵고 있으면 3일 이내로 역시 가슴에 삼베리본을 단 동지가 올 것이다. 그 동지가 누가될지는 모른다. 그 동지에게 주소가 어디냐고 물어보아라. 주소가 대한이라 말하면, 어디 물건인줄 아냐고 다시 물어보아라. 그가 방아다리 물건인가요? 하거든 그렇다고 하고 이 가방과 함께 무역허가증도 넘겨주어라."

보현은 아버지로부터 경비에 쓰라며 몇십 원(당시로는 큰 돈)의 돈을 받아들고 조치원으로 나가 경성행 기차에 올라 자리를 잡고 생각했다.

'혹시 금괴를 받아갈 사람이 이영준 씨라면 나는 그들 따라갈 것이다. 그리고 그와 함께 이 나라 독립을 위해 내 모든 것을 바치리라.'

경성에 오니 분위기도 다르고 공기도 다르다. 이 나라의 수도, 오백 년 도읍지를 어쩌다 통채로 남의 손에 넘겨주고 머슴만도 못한 신세가 되었는가?

종로찻집 앞의 서울여관의 주인은 50대 후반쯤된 분이다. 그 분은 나를 아래위로 살피더니 말했다.

"임 선생님은 무슨 일이 있나요?"

"아버지 대신 제가 왔어요."

"따님이시군요. 저를 따라 오시지요."

그는 여관 뒤로 돌아 목조건물인 이층 방으로 안내한다. 목조계단이라 걸음을 옮길 때마다 약간 삐꺽거리는 소리가 난다. 2층 첫째 방문을 열고 주인이 말했다.

"들어가세요. 이곳은 일반손님에게 드리는 방이 아닙니다. 이 방 옆으로 화장실이 마련되어 있는 특실입니다(그 시절에는 화장실이 마련되어 있는 방은 보기 드물었다). 내일 오후쯤 손님이 오실 것입니다. 쉬고 계시면 저녁식사가 나올 겁니다."

잠시 후 밥상과 함께 이야기 책도 있었다. 경성의 밤거리는 늦도록 어수선했다. 이튿날 오후가 되자, 2층 계단을 올라오는 발자국 소리에 온 신경이 쓰인다.

'혹시 영준 씨.'

잠시 후 문을 두드린다.

"들어오세요."

이영준 씨가 아니다.

당꾸바지에 개똥모자를 쓴 40세 후반쯤 된 남자다.

"실례합니다. 여성분이시군요."

"앉으세요."

우리는 서로 가슴의 삼베리본을 확인하고 말문을 열었다.

"어디서 오시는 길인가요?"

"주소를 물어보시는 겁니까?"

"네!"

"대한입니다."

"어디 물건인지 아시는지요?"

"방아다리 물건 아닌가요?"

"반갑습니다. 아버지 대신 왔습니다."

"여성분이란 것을 여기 와서 알게 되었습니다."

"지금 떠나셔야 되나요?"

"네, 바로 가야됩니다."

보현은 가방과 함께 무역거래 허가증을 내주며 물었다.

"이영준 씨를 아세요."

"잘 알지요."

"그 분은 지금 어디 계신가요?"

"상해에 있을 겁니다. 특별한 일이 없으면 늘 상해에 계시지요."

"그분을 만나려면 상해로 가야되겠군요."

"그렇지요."

"어려운 부탁인줄 압니다만 저를 상해로 데려다 주시지 않으시겠어요."

"이영준 씨를 만나려구요?"

"네 그 분을 만날 목적입니다만 저도 선생님과 같은 일을 하고 싶어서요."

"이번 일을 하신 것만 해도 큰일을 하신 겁니다. 그리고 제가 아가씨를 모시고 간다는 것은 제 마음대로 할 수 있는 일이 아닌 것 같습니다."

"저도 그건 알지만 이번 일도 제가 자청해서 한 일입니다."

"아버지께서 허락하시던가요? 상해까지 가라고?"

"허락하시지는 않았지만 이번 일을 맡기시는 것으로 보아 반허락을 하신 것이라 생각됩니다. 저는 미성년자가 아닙니다. 다만 여자라는 이유로 반대하실 수는 없다고 생각합니다."

"허허! 대단하시군요. 아가씨 뜻이 정그러시다면……."

"그러면 이 물건은 제가 모두 챙겨서 선생님과 동행하기로 하지요. 선생님보다 제가 의심을 덜 받을 것 같습니다."

"그러시지요. 일단 평양에 가서 다른 동지를 또 만나야 됩니다. 저는 평양까지만 모실 수 있습니다. 여기서 상해까지는 멀고먼 길입니다. 안주(평양에서 북쪽으로 순천 다음에 있는 옛 기차역)까지는 기차로 갈 수 있지만 그후가 더 먼 여정이지요(그 당시 교통수단은 주로 마차였다). 아버지께는 편지라도 한 장 보내세요."

"네 그렇게 하지요."

"자! 그럼 어서 출발합시다. 나는 이중근입니다."

"안중근 씨와 이름이 같지요."

"그러시군요. 저는 임보현이라 합니다. 저의 아버지를 아시나요?"

"알다뿐입니까? 우리 동지들 중에 임정규 씨를 모르는 사람은 없을 겁니다. 경성에서 평양까지는 검문이 심하지 않지만 평양을 지나 중국 국경 근처에 다다르면 검문이 심해집니다. 평양에 가서 만나는 동지와 잘 합심이 되어야 합니다."

"네 알겠습니다."

이중근 씨와 열차로 평양에 도착하니 아침이 밝아왔다. 기차에서 잠시 자기는 했으나 온몸에 피곤이 몰려왔다.

이중근 씨를 따라 평양역 뒷골목 능라도여관으로 들어갔다. 이중근 씨는 여관 주인과 무슨 말을 나누더니, 우리를 여관 복도 끝방으로 안내한다.

"여기서 쉬고 계세요. 내일 아침에 가슴에 리본을 단 분이 찾아오면 그 분에게 주소를 물어보세요. 주소가 어디냐고 물어보시고, 대한이라 하면, 어디 물건인지 물어보고, 방아다리 물건이라고 하면 그분에게 모든 것을 맡기고 같이 행동하세요."

"알겠습니다."

"나는 바로 가야 되니까, 오늘은 여기서 쉬고 계세요. 이 여관 주인도 우리 동지입니다."

"알겠습니다."

아버지에게 편지를 써서 여관 주인에게 부쳐달라고 부탁하고 피곤한 몸을 쉴 수 있었다.

"아버지! 용서하세요. 한약제 구입 차 상해까지 가서 이영준 씨를 만나 거래를 할 생각입니다. 아버지가 주신 돈으로 경비는 충분합니다. 자리가잡히는 대로 다시 연락드리지요. 저는 아버지 사업을 끝까지 도울 겁니다."

짐을 여관에 맡기고 유명하다는 대동강을 구경할까 하다가 유람하려 온 것도 아니고 몸도 피곤해서 그만 두기로 했다. 광복의 날이 언제가 될지 모르지만 광복이 된 후에 유람을 즐긴다면 얼마나 좋을까 하는 생각으로 스스로를 달랬다.

아침 밥을 먹고 잠시 기다리니 역시 당꼬바지에 중절모를 쓴 50대 중반쯤 된 분이 서류가방 같은 것을 메고 왔다.

"서울에서 오셨군요. 처음 뵙겠습니다."

"안으로 들어오시지요."

우리는 서로 가슴에 단 리본을 확인한 다음 말했다.

"주소가 어디신가요?"

"대한입니다. 방아다리 물건을 가지고 오셨군요."

"네. 맞아요. 반갑습니다."

"수고가 많습니다. 상해까지 직접 가신다고 들었습니다만 여자분의 몸으로 힘드실텐데요. 이석기라고 합니다."

"임보현입니다. 바로 가셔야 합니까?"

"차 시간 여유가 있습니다. 천천히 출발해도 됩니다."

"이영준 씨를 아시나요?"

"잘 알지요."

"지금 그 분은 상해에 계신가요?"

"네. 한 보름 전에 거기 있는 것을 보았습니다만 지금도 상해에 있는지는 모르겠습니다. 일이 생기면 언제든지 움직여야 하거든요."

"어디를 주로 가시게 되나요?"

"거래처야 우리나라가 제일 빈번하고 쓸만한 물건이 있다면 홍콩이나 마카오 때로는 대만까지 가기도 합니다. 물론 영국이나 미국과도 연락이 되기도 하지요."

"안주까지는 기차로 갈 수 있다더군요."

"안주까지는 기차로 갈 수 있지만 안주에서 신의주를 거쳐 상해까지는 마차로 가거나 걸어야 됩니다. 여자분은 많이 힘들거라 생각됩니다. 길도 험하고 마차가 워낙 요동이 심하고 중간중간에 검문소가 있어 검문도 받아야 합니다."

"검문을 피해서는 갈 수 없나요?"

"검문을 피해 갈 수는 있지만 산도 길도 없는 무인지경을 돌아서 가야되니까 결코 쉬운 일이 아니지요. 신의주를 지나서는 산적이나 불한당들도 출몰하기도 합니다. 그래서 검문을 피하려다 더 큰 피해를 보거나 목숨도 위험하게 됩니다. 물론 신의주를 벗어나면 무장한 우리 동지 두세 명이 안내를 하지만 길이 멀고 험합니다. 요즘은 덜 하지만 여름 장마철에는 길이 끊기거나 막혀 몇십 리를 돌아가는 경우도 있지요. 자, 이제 떠납시다. 차 시간이 거의 다 되어 갑니다."

이석기 씨와 차에 오르자 차는 즉시 출발했다. 빈 자리가 많다.

잠시 후 두 명의 승무원이 검표를 하며 우리 앞까지 왔다. 검표를 마치고 돌아서는 승무원에게 이석기 씨가 말을 걸었다.

"이 차에 승무 경관이 있나요?"

"네, 곧 올 겁니다. 승객들을 살피러다니지요. 왜 그러시나요?"

"그 분들을 만났으면 해서요."

"곧 보내드리지요."

잠시 후 두 명의 사복경관이 다가왔다.

"우리를 찾으셨소?"

"네, 수고들 하십니다. 국경을 넘어 중국까지 가야 하는데 경관들의 보호를 받을 수 있을까 해서요."

이석기 씨는 메고 있던 가방을 열어서류를 꺼내 보이며 말했다.

"보시다시피 저는 총독부로부터 하달된 조선역사 연구를 위해 중국까지 가야됩니다만 저보다도 이 여자분 때문이지요."

사복경관은 이석기 씨의 서류뭉치를 잠시 살펴본다. 서류 아래쪽에 인쇄된 조선 고대역사 탐구, 조선총독부란 글씨에 총독부 도장이 찍힌 것을 확인한 다음 서류를 돌려주고 보현에게 눈을 돌린다. 이석기 씨는 얼른 거든다.

"이 분은 한약제, 무역거래를 한답니다. 가방에 경명주사와 웅담이 들었답니다. 국경 근처에 산적이나 불한당이 출몰한다해서 상당히 불안해 합니다. 무슨 보호조치라도 해줄 수 있나해서요."

"자! 그 허가증이 있으면 보여주시고, 가방도 열어보이시오."

보현이는 얼른 총독부의 허가증을 보여주고, 가방을 보여주었다.

그들은 한약제 무역허가증과 가방 속에 있는 경명주사와 웅담을 일일이 확인한 다음 물었다.

"경명주사나 웅담은 값비싼 물건이라 들었소."

그 말에 보현은 바로 답했다.

"네. 웅담은 곰 쓸개를 말린 것이지요. 경명주사는 당제라 하여 옛 당나라 땅에서만 나는 광물질이고요. 모두 비싼 물건이지요. 여기 있는 이 웅담은 백두산 곰이라 해서 평양에서 구입한 국내산이지요. 중국인들과 거래를 하면 좀 싸게 구입할 수 있지요. 그것을 경성이나 평양에 가면 높은 가격이 되지요."

"이 차안에서야 우리가 있어서 안심해도 됩니다만 안주에서 신의주까지가 문제지요. 그리고 조선 국경을 넘으면 우리도 권한이 없소!"

"그럼 무슨 증서같은 것이라도 해주실 수 있는지요."

이런 간절한 보현의 말에 그가 말했다.

"다른 것은 해줄 수 없고 소지품을 검사했다는 검사필증은 해줄 수 있소."

"그거라도 해주시오. 일일이 검사하다보면 동행한 분들에게 누가 될 수도 있고 동행하는 사람 중에도 좋지 못한 사람이 있을 수 있으니까요."

이 말을 받아 석기 씨도 거들었다.

"그렇겠군요."

그들은 검사필이라는 붉은 글씨를 쓰고 큼직한 도장이 찍힌 손바닥만한 검사필증을 넘겨주고는 갔다.

"고맙습니다."

그들이 멀리가자 이석기 씨는 주변에 사람이 없는 것을 살피고는 나지막한 목소리로 말했다.

"이렇게 해야 철저한 검색을 피할 수 있습니다. 저들이 수상하다 싶으면 가방을 찢어보거나 송곳으로 찔러보고 비록 여자라도 특실로 끌고가 속옷까지 벗기고 입 속과 자궁 속까지 검사한다고 합니다."

보현은 그 말을 듣자 온몸에 소름이 돋았다.

안주에 도착하여 역전에 서 있는 신의주행이라고 쓴 마차에 오르자 이미 여자 두 명과 남자 네 명이 타고 있었다.

말 두 마리가 끄는 8명이 탈 수 있는 큰 마차였다. 정원이 다 차자 마차는 바로 출발했다. 안주 시내를 벗어나기 무섭게 길은 엉망이다. 마차는 심하게 요동을 치며 달린다. 서너 시간을 왔을까. 어느 검문소 앞에 말을 세운다. 말에 먹이와 물을 줘야 한다며 내려서 검문을 받고 좀 쉬어야 한다고 한다.

일본경관이 마차 안을 세밀히 살피고 승객들의 짐을 일일이

풀어본다. 보현이 차례가 되자 검사필증이 있음을 보고 통과 후 다른 사람의 보따리를 살핀다.

잠시 후 다시 마차에 올라 신의주를 향해 달린다. 도중에 동승한 승객들은 하나 둘 내린다. 국경 근처 검문소에 도착한 마차는 다른 승객은 없고 보현이와 이석기 씨뿐이었다.

검문 경관은 우리를 유심히 살피며 말했다.

"당신들은 국경을 넘나요?"

이석기 씨는 태연한 목소리로,

"그렇소만."

"가방과 소지품을 모두 내려 놓으시오."

석기 씨와 보현은 가방을 활짝 열어서 검사대 위에 올려 놓았다.

보현의 가방에 있는 검사필증을 본 경관이 물었다.

"어디서 검사를 받았소?"

"안주에서 받았습니다."

"이것들은 뭐요?"

"경명주사와 웅담입니다. 여기 약제무역 허가증이 있습니다."

그들은 허가증을 살펴보고는 물었다.

"약제를 사려고 국경을 넘는거요?"

"그렇습니다. 경명주사는 조선에 없는 약제이니까요."

그들은 석기 씨를 향해 말했다.

"조선 고대역사를 조선에서 찾아야 하는 거 아니오?"

"조선 고대역사의 대부분이 중국땅에 그 증거가 있지요. 고조선시대에는 이 중국 대륙이 거의 조선땅이었으니까요."

"일본 총독부에서 그걸 왜 발굴 조사를 합니까?"

"그야 나도 잘 모릅니다만, 조선인을 완전 정복하려면 그 뿌리부터 알아야 되겠지요. 그래야 왜곡을 하든, 수정을 하든 해야 될테니까요."

"조선의 고대역사를 수정한다!"

"그것이 조선총독부의 목적인지도 모르지요."

"가 보시오. 조심들 하시오. 중국땅에는 불한당 패거리가 많습니다."

보현은 가슴을 쓸어내리고 가방을 챙겨 이석기 씨를 따라 국경을 넘었다.

발은 불어 터지고 바늘밭을 걷는 것 같은 고통이 왔다. 길이라고는 할 수 없는 황량한 들판이다. 늪지대를 지나 얼마를 더 가자 멀리 마차 하나와 말을 탄 두 사람이 보인다. 이석기 씨는 나의 우려를 짐작했는지 걱정하지 말라며 우리 동지들일 거라 했다.

그들이 점점 가까이 다가오며 손을 흔든다.

"동지들입니다."

보현은 겨우 마음이 놓였다.

우리는 마차에 오르고 두 사람은 말을 타고 앞뒤에서 보호하듯 정처없이 달려간다.

"아직까지는 안심할 수 없습니다. 이 근처는 마을도, 인적도 없어 가끔 산적이나 불한당들이 출몰하는 지역이지요. 하지만 동지들이 총을 지니고 있어서 큰 걱정은 안 해도 될 겁니다."

먼지와 땀이 뒤범벅이 되고 지칠대로 지쳐 상해에 도착했을 때는 쓰러질 직전이었다.

목도 마르고, 시장끼도 밀려온다.

어느 건물인지 붉은 초롱등이 걸려 있는 2층 건물 앞에 마차가 선다. 보현은 쓰러질 듯 마차에서 내렸다. 보현 앞에 우뚝 서서 바라보는 사람은 바로 이영준 씨라는 것을 알았다. 그는 얼른 보현을 부축했다. 비틀거리는 걸음으로 그의 부축을 받으며 건물 안으로 들어왔다. 긴 의자에 쓰러지듯 앉았다. 그는 컵에 물을 따라 주었다. 보현은 단숨에 물 한 컵을 마시고 품속에서 메모지를 꺼내 영준에게 건네며 말했다.

"밤고개 집에서 당신이 남긴 글이지요. 그 말미에 저도 몇자 써 넣었어요."

이영준이 메모지를 본다.

오랜 세월 찾아 다니던 함께 하고픈 소중한 사람. 그러나 조국을 빼앗긴 우리. 사치스러운 생각일 뿐. 보현 행복하기를……. 비록 조국은 빼앗겼으나 결코 사치스런 생각은 아니지요.

메모를 본 영준은 보현을 감싸듯 품에 안았다. 보현은 그의 품에 안겨 눈물을 흘린다. 그는 보현의 볼에 흐르는 눈물을 닦아주며 말했다.

"사랑하오. 조국도 당신도 결코 버릴 수 없지요."

그때 커다란 박수소리가 들린다.

주위를 돌아보니 20여 명의 동지들이 두 사람을 에워싸고 박수를 보내고 있지 않은가?

동업중생

동업중생

작은 무역회사에 다니다가 선배의 도움으로 모 잡지사에 입사하게 되었다. 입사한 지 석 달 만에 천안함사태가 일어났다. 북한의 무력도발이라는 것이다. 이 사건을 취재하면서 북한에 대해 관심을 가지기 시작했고 북한에 대한 연재기사를 회사에서 쓰라는 부탁을 받았다.

그런 와중에 등산을 즐겨하는 친구의 귀띔으로 소백산 어느 암자에 계신다는 수행스님의 말을 듣고 그 스님을 찾아가게 되었다. 친구의 말에 의하면 그 스님은 도를 통한 분으로 세계 정세를 꿰뚫어 아실뿐만 아니라 인류의 미래까지도 아는 듯 하다는 것이다. 처음에는 귀띔으로 들은 골짜기를 두 번 답사하면서 친구가 알려준 산세와 주변인 듯한 길을 찾기는 햇으나 두 번 답사에도 그 암자를 찾지 못했다. 한 달 정도 지난 후에 친구의 설명을 듣고 세 번째에야 그 암자를 찾을 수 있었다. 작은 폭포를 지나 골짜기를 조금 오르면 토끼길 같은 길을 따라 절벽을 돌아 양지바른 암벽 밑에 불을 피운 흔적이 있고 석굴을 손질해서 두 사람 정도 거처할 만한 작은 암자를 발견했다. 빈 암자일 뿐 아무도 없었다.

친구를 다시 만나 주변 산세와 암자의 위치를 설명했다. 그곳이 틀림없다면서 스님은 가끔 암자를 비우고 아래쪽에 있는 사찰에 가시기도 한다는 것이다.

그로부터 15일 정도 뒤에 다시 그 암자를 찾아가게 되었다. 마침 스님이 계셨다. 네 번 만에 스님을 뵙게 되었다. 승복을 여기저기 기워 입은 스님은 몸은 약간 마른 편으로 눈이 맑고 그윽하며 지혜가 번득이는 것 같았다. 그 눈빛은 꾸며대거나 거짓말 따위는 용납되지 않을 것이며 더욱 내 마음속까지 꿰뚫어 보는 것 같았다.

자신을 소개하며 스님을 찾아온 동기를 솔직히 말씀드렸다.

"해서 나더러 거사님이 글 쓰는데 도움이 되어 달라는 것인가요?"

"꼭 그런 것은 아닙니다. 같은 민족으로 그들과 우리는 왜 이처럼 갈라져 살아야 되고 그들의 처지와 우리는 왜 달라야 하는지 또 이산가족의 아픔은 물론 대다수 북한 주민은 굶주림에 시달려야 되고 우리 민족의 숙원인 통일은 요원한 건가요? 스님의 고견을 듣고 싶습니다."

그러자 스님은 크게 웃으며 말했다.

"이 산중에서 은거하고 있는 이 중이 무얼 알겠습니까? 헛걸음을 하셨군요. 무슨 예언이나 하고 신통이나 부리는 것으로 잘못 알고 오셨군요. 자! 그만 일어나시지요. 난 아래 사찰에 좀 가봐야 겠군요."

이런 말을 하고 스님은 자리에서 일어섰다. 나는 스님을 따라 일어나며 말했다.

"다음에 또 뵙겠습니다."

"그런 거 물어 보려고 오지는 마시오, 자 그럼 먼저 실례합니다."

스님은 뒤를 돌아보지도 않고 내려간다. 허탈한 심정으로 돌아와 며칠 후 친구를 만나 스님과의 만남과 스님의 말씀을 전했더니, 그는 그럴 줄 알았다며 다음에 갈 때는 미숫가루라도 만들어 한 자루 들고 가서 그런 정성이라도 보여야 한 말씀이라도 들을 수 있을 거라 했다. 친구의 말을 듣고 그러기로 했다. 스님을 뵙고 온 지 약 20일 후 찹쌀과 콩, 보리 등을 넣어 만든 미숫가루를 한 말 정도 만들어 넣고 다시 암자를 찾았다.

문이 닫혀 있어서 잠시 밖에서 서성이고 있는데 문이 열리며 스님이 내다보신다.

"또 왔군요. 일단 들어오시오."

나는 손을 모아 인사를 하고 작은 방으로 들어갔다.

"나와 함께 부처님께 108배를 하시겠습니까?"

벽 쪽에 모셔진 작은 돌부처님을 향해 스님과 나란히 서서 108배를 시작했다. 나는 108배가 처음이다. 마음속으로 수를 세며 한 50번쯤 하니 힘들어지기 시작하더니 108배를 모두 마치니 심한 운동을 한 것처럼 지쳐버렸다. 스님은 나의 그런 모습을 보며 말했다.

"108배는 처음이시군요. 어느 분은 천 배나 삼천 배를 한답니다."

"죄송합니다. 앞으로는 자주 절을 해야겠습니다."

절을 끝내고 배낭 속에서 미숫가루 두 통을 꺼내 놓으며 말했다.

"수행하시는 스님들에게 좋은 요기거리가 될 것 같아서 좀 해왔습니다. 제 작은 성의로 생각하고 드시지요."

"이러지 않아도 됩니다. 아래 절에서 식량을 준비해 줍니다. 주시니 잘 받겠습니다."

잠시 뜸을 드리다 스님의 눈치를 보며 어렵게 입을 열었다.

"스님, 너무 나무라지 마시고 조국 통일에 대해 대략만이라도 알고 싶은 마음이 저뿐이겠습니까?"

"또 그 말이오?"

"남북한 칠천만 민족은 물론 전 세계에서 유일한 분단국가인 우리나라를 안타까운 눈으로 보고 있다고 생각됩니다. 어리석은 중생들의 마음을 조금이라도 위로해 주신다는 마음으로 스님의 고견을 들려주셨으면 합니다. 미혹한 중생들은 한 치 앞도 볼 수 없으니 답답하고 안타까운 마음을 주체하기 어렵습니다. 북한 사람들은 언제쯤 자유로운 세상을 만날 것이며 억압받는 인권은 언제 회복되겠습니까?"

나의 간절한 말에 스님은 잠시 눈을 감고 있더니, 천천히 입을 열었다.

"모든 국가가 진심으로 우리나라 통일을 바라지는 않을 겁니다. 개중에는 우리의 통일을 그리 달갑지 않게 생각하는 국가도 있으리라 생각됩니다. 우리의 통일이 그들에게 불이익을 주리라 생각하기 때문이지요. 80년이나 100년이란 세월은 한 사람의 생애로는 한 평생의 긴 세월이긴 합니다만 유구한 역사 속에서는 짧은 순간일 뿐이지오. 이 산중에 살고 있는 내가 무얼 알겠습니까만은 나름대로 짚이는 바가 없지는 않습니다. 내 말을 듣고 이 산을 내려 갈 때는 모두 잃어버리시오."

그리고 스님은 잠시 눈을 감고 생각하시더니 천천히 말씀을 이어간다.

"요즘 사람들은 이해가 잘 안 되리라 생각되지만 오랜 과거에 우리 조상은 한반도는 물론 지금의 중국 대륙의 반 이상을 국토로 다스려 왔습니다. 그때를 후대 사람들은 고조선시대라 하지요. 고조선 이전을 상고시대라 해야 하나요? 우리 조상은 인류의 조상이라 해도 과언이 아니지요. 그것을 우리 자신은 물론이고 인류는 모두 잊고 있습니다. 수많은 세월이 흐르면서 세계 곳곳으로 흘러들어 새로운 터전을 잡고 그 지역의 특성에 따라 각기 다른 생활방식과 풍습이 생기면서 모습과 언어가 달라지고 그에 따른 문명도 조금씩 다르게 발전해 왔지요.

그후 고조선시대가 서서히 그 통치능력이 약화되면서 연인戀人 위만이 망명하여 왕검성에 도읍을 정하고 준왕이 남쪽으로 달아나 한에 이르러 한왕韓王으로 칭하게 되면서 위만조선이 멸망하고 그 땅에 낙랑, 임둔, 현도, 지번의 4군이 설치되지요.

그즈음 한 왕족이 나라를 빼앗기고 그가 거느리던 백성들과 함께 동굴이나 폐쇄된 지역에 감금되어 먹을 것도 제대로 공급받지 못하며, 교대로 끌려 나가 성벽이나 궁궐 등의 건립을 위해 강제노역을 하고 부녀자들은 강간과 폭행 등의 제물이 되어 몰락한 왕조와 함께 3대에 걸쳐 약 80년 동안을 갖은 고초를 겪다가 그들 자체에 내분까지 일어나 서로가 서로를 약탈과 살생 등을 일삼게 되면서 대다수의 백성들은 흩어져서 탈출하여 오지로 숨어들었지만 일부 남아있는 백성들은 모두 너희들 왕족 때문이라면서 그 왕족은 백성들에게 개처럼 끌려 다니며 구타당하여 참혹하게 죽게 되지요.

그들 왕족은 다스리던 백성들로부터 받은 멸시와 폭행, 그들 나라를 멸망시킨 적국에 대한 원한 등을 가슴깊이 간직한 채 구천을 떠돌다가 이 한반도 북녘땅에 다시 태어나게 되었지요. 물론 이런 이야기는 믿기 어려운 꿈같은 이야기이지만 업과 윤회의 우주법칙과 영혼의 세계를 알면 이해할 수도 있는 일이지요. 그러나 그것을 믿으라거나 이해하라는 말은 더욱 아니오.

그후 이 나라가 일제로부터 해방이 되자 그들은 북녘땅을 다스리기 시작하지요. 그들은 전생의 한이 업이 되어 동족상잔의 전쟁을 일으키고 많은 사람을 죽음으로 내몰았으며 수많은 사람들을 이산가족으로 만들고도 부족하여 자신들이 거느리는 백성들의 안위보다는 자신들의 권세와 안락을 유지하기 위하여 독재와 공포, 치밀한 세포조직으로 사람들을 감시하고 독재정치로 나라를 유지하죠. 물론 그들이 전쟁을 일으키게 된 데에는 주변 강대국들의 정치, 군사적인 이익 때문에 그들의 입김이 작용했지만 그 모든 것은 우리 민족의 업이지요.

북쪽은 물론 남쪽에 사는 우리도 동업중생으로 그 책임에 있어서는 동일합니다. 북쪽에 태어나 직접 받아야 하는 그들은 그들대로의 악업 때문이지요.

그러나 그들 3대의 왕조는 이 나라가 광복이 되면서부터 80년을 넘지 못하고 막을 내리게 될 것 같군요. 그것은 그들이 전생에 받은 3대에 걸친 한을 현세에 누리게 되는 그들 업의 과보일 뿐이지요. 동업중생인 우리 민족은 그 누구도 그들을 비난하거나 원망할 자격이 없습니다. 우리 모두가 함께 저질러 놓은 업이지요. 마음을 모아 그들의 어려움을 도와주고 허물을 감싸주면서 이 시기를 슬기롭게 넘겨야 합니다. 그들은 대량살상을 하는 핵을 만들어서는 안 됩니다. 그러나 이제 멀지 않았습니다. 거사님의 나이라면 통일을 볼 수 있겠군요.

이 모든 것은 내 머리를 스치는 꿈같은 이야기일 뿐이며 유구한 역사 속에 잠시 일어난 변화일 뿐이니 염두에 두지 말고 그저 여담으로 듣고 넘기세요. 인간사 모두가 꿈이며 물거품이며 나뭇가지를 스쳐가는 바람결 같은 것이지요. 허허허."

스님의 말씀이 끝나고 긴 시간이라 생각되는 침묵이 작은 방을 무겁게 짓누르고 있었다. 무거운 침묵을 흔들어 깨우듯 암자 앞 나뭇가지에 이름 모를 새 한 쌍이 날아와 지저귀는 바람에 겨우 정신을 가다듬을 수 있었다.

"그러면 우리나라가 광복이 되던 해인 1945년을 기준으로 80년 뒤라면 2025년쯤에 통일이 되겠군요."

"그렇게 계산해야 되겠지요. 그러나 그들 왕조가 전생에 받은 불운의 기간이 80년이라 해서 현세에도 그 기간 동안 권세를 누리게 되는 지는 의문이 되기도 합니다."

"그것은 우리 민족이 동업중생으로 남북한의 이산가족과 북에서 고통의 세월을 살아야 할 개개인의 업이 있으므로 분단의 기간이 좀 길어질 수도 짧아질 수도 있겠지요."

"하지만 모든 것에 우연이란 없습니다. 우리 모두가 스스로 짜놓은 각본과 같은 것이지요."

"그렇지만 통일은 그리 멀지는 않았군요?"

"그렇게 보아야겠지요."

"그렇다면 통일된 이후의 우리나라는 어떻게 될까요?"

스님은 눈을 감고 상체를 좌우로 약간 흔들며 마음을 모으는 듯하더니 천천히 말씀을 이어가신다.

"우리나라에 국한된 것은 아닙니다만 세계인류는 정신적 화합으로 통합을 이루어 평등과 평화를 누리며 살기 좋은 세상이 될 것 같군요. 정신적 화합이란 종교적 화합이라 할 수 있지요. 장차 우리나라에는 수많은 도인이 나와 인류의 화합과 평화를 이끌어 갈 것입니다.

그러나 그런 세상이 오기 전에 어려운 시기를 넘겨야 합니다. 각종 질병이 엄습하여 사람은 물론 동물도 그 피해가 속출하고 생활의 격차로 어려움을 겪는 사람이 늘어나고 자연재해나 인공재해도 빈번할 것 같군요. 인공재해란 전쟁도 포함된 것입니다. 특히 종교적 갈등이 심화될 우려가 있습니다. 종교적 갈등은 인지人智가 낮아서 참 진리가 무엇인지 모르는 데서 오게 되지요.

생명을 가진 모든 존재는 벌레로부터 사람에 이르기까지 그 차원이 다를 뿐 평등한 수평적인 우주의 주인인데 그것을 모르고 수직적인 유일신 사상으로 모든 생명을 피조물로 보는 데서 근본적인 갈등이 되는 것이지요. 가령 벌레가 동쪽으로 기어가든, 서쪽으로 기어가든 그것은 그 벌레의 자유의지로 기어갈 뿐이지 누가 그쪽으로 가라고 해서 가는 것이 아닙니다. 동쪽으로 가서 풍부한 먹이를 만나거나, 서쪽으로 가서 떨어져 죽든, 그 모든 것은 그 벌레의 몫이지 누가 그렇게 시켜서 하는 게 아닙니다. 벌레가 있게 된 원인도 여러 조건이 서로 결합해서(연기적 관계) 그 모습이 드러난 것이지, 누가 만들어서 서쪽으로 가서 떨어져 죽게 하지 않았다는 거지요. 즉, 그 벌레의 자유의지로 존재하고 움직일 뿐이지요. 그 자유의지라는 것을 벌레나 사람이나 동일한 것입니다. 다만 그 처해진 차원이 다를 뿐 모두가 자유의지를 가진 평등한 생명일 뿐입니다. 그 의지로 의학을 공부하면 의사가 되고 요리를 배워 요리사가 되는데, 의학을 공부하지 않으면 의사가 될 수 없고, 법을 공부하지 않고서는 법조인이 될 수 없지요.

　그래서 도를 공부해야 도인이 되지요. 즉 누가 만들어 주지 않는다는 거지요. 성공하든, 실패하든, 행복하든, 불행하든, 건강하든, 건강하지 않든지 간에 그 사람의 몫입니다. 누가 사람을 만들어서 벌레를 만들어서 운명을 쥐어주며 거기에 묶여 무엇에 끌려 다니며 사는 것이 아니라 자유의지로 태어나고 살아가는 것 뿐입니다. 즉 생명의 존귀성은 평등함을 알아야 됩니다. 종교인부터 화합이 되어야 합니다. 올바른 길로 인도하되 서로 다름을 인정하고 자비로 감싸야 합니다.

자비란 서로 불쌍하게 여기고 어려움을 도우며 사랑하라는 의미가 자비입니다. 자비란 그저 사랑하라는 말과는 다릅니다.

내가 중이라서가 아니라 부처님은 다른 성인들과 다릅니다. 선이니 악이니 음이니 양이니 천당이니 지옥이니 하는 상대적 사상으로는 부처님을 볼 수 없습니다. 그래서 부처님이 모습이나 음성이나 있다거나 없다거나 높다거나 낮다거나 크다거나 작다거나 하는 것으로는 여래를 볼 수 없다고 하신 겁니다. 천당도 지옥도 과정일 뿐이지요. 즉 우리가 세상을 살면서 기쁨이나 슬픔을 경험하며 사는 것이 삶의 과정인 것처럼 삶의 과정일 뿐입니다. 즉 윤회의 과정이지 목적이 아닙니다. 우리 인류는 아직도 많이 배워야 하고 고난을 겪어야 되는가 봅니다."

"그런 시간이 지난 뒤에 정신적 종교적 통합이 된다고요?"

"그렇습니다. 장차 과학과 철학을 온전히 갖춘 종교가 그 진리를 바탕으로 세계 인류는 자연적으로 합일이 되겠지요. 또 그렇게 되어야 합니다."

"그렇다면 그 종교가 불교인가요?"

"그렇지요. 불교만이 모든 생명은 평등한 수평적 존재임을 가리키고 연기적 관계로 서로 불가분의 연관성으로 존재함을 가리키는 과학과 철학을 완벽하게 포용한 종교이니까요."

"제가 알기로는 유교도 철학을 바탕으로 과학과 크게 이타적이 아니라고 생각되는데요."

"그렇지만 유교는 지극히 세속적이고 물리적이지요. 말하자면 깊은 영혼의 세계인 형이상학적 사상은 불교를 따를 수 없지요."

"기독교는 어떤가요?"

"기독교는 과학적이지도 않고 철학도 없으며 영혼의 세계도 제대로 모릅니다. 천당과 지옥, 선과 악, 상대적 논리에 묶여 있지요. 물론 그들은 그들 나름의 그럴 듯한 논리를 말하고 있지만 그러한 논리들을 분석해보면 성서 자체의 것이 아니고 타종교에서 빌려온 논리를 그럴듯하게 포장한 것이 대부분이지요. 대부분의 사람들은 잘 모르지만 성서 자체도 불경에서 표절한 부분이 많습니다. 사람을 신의 피조물로 보는 것은 스스로 타락하는 어리석음이 된다는 것을 모르지요."

"그렇다면 티베트의 달라이 라마의 경우는 계속 재탄생하면서 그 민족을 이끌고 가는데 그런 경우는 왜 그래야 하는지요?"

"달라이 라마께서는 티베트 민족은 물론 전 인류를 참 진리의 길로 인도하고 인류의 평화와 행복을 위한 관세음보살의 화신으로 윤회를 한다고 봅니다. 윤회를 보여주는 그 자체가 말없는 가리킴입니다. 그 말없는 가르침을 사람들은 알아야 합니다. 즉 사람의 삶이 이번 한번 뿐이라면 어떻게 살든 물리적 풍요와 감각적 쾌락을 즐기며 자신의 안락과 행복을 위해 남을 해하고 짓밟아도 된다고 생각할 수도 있겠습니다만, 누구나 지금의 삶이 전부가 아니고 다시 태어나 끝없는 윤회를 하면서 자신이 행한 선행이나 악행을 그대로 돌려받음을 윤회로서 가리키고 있으니까요.

이번 생은 사람으로 태어나 사람으로 살지만 그 성정이 짐승을 닮아 짐승처럼 살면 그 영혼은 다시 태어날 때는 짐승으로 태어난다는 것을 윤회로서 가리키고 있지요. 즉 개같이 살면 개로 태어나고 돼지같이 살면 돼지로 태어나게 된다는 것을 가리키고 있지요. 그래서 윤회를 보여주는 그 자체가 말없는 가르침이 됩니다.

그래서 달라이 라마의 윤회의 참뜻은 개인은 물론 인류의 죄업을 막고 선량한 삶과 화합을 유도하는 말없는 가르침이 된다는 것이지요. 지금에 티베트 민족이 나라를 빼앗기고 남의 나라에서 피난살이를 하고 있지만 티베트 불교는 세계적으로 확산되고 있습니다. 그 모두가 부처님의 뜻인지도 모릅니다. 달라이 라마께서는 관세음의 화신으로 인류를 위한 눈물겨운 윤회라고 봅니다."

"초월된 극락세계에 상주하며 살아도 될 관세음보살인데 왜 이 험한 사바세계에 거듭 환생해야 할까요?"

"그것은 인류를 위함이라는 것을 모든 사람들은 알아야 합니다.

우리 인류의 60%만이라도 눈물겨운 달라이 라마의 윤회의 참뜻을 안다면 인류평화는 제자리를 잡게 될 것입니다. 그런 분을 만난다는 것은 큰 영광이지요."

"우리나라의 통일이 그리 멀지 않았다니 다행이군요."

나는 스님과 작별인사를 하고 하산길을 재촉하면서 딴 세상을 경험한 것 같은 벅찬 느낌을 떨칠 수 없었다. 그리고 달라이 라마의 환생의 참뜻을 많은 사람들이 알았으면 하는 바람이 내 마음을 무겁게 한다.

주천강 나룻배

주천강 나룻배는
즐거운가봐요
보고 싶은 사람들을
만나게 하려고
쉬지않고 언제나
노를 저어요
깊고 푸른 물속도
두렵지 않은지
절대로 나루터를
떠날 수 없대요

주천강 나룻배는
행복한가봐요
고향산천 그리워

찾아온 사람

물보라 일으키며

건네주려고

비가 오나 눈이 오나

노를 저으며

절대로 나루터를

떠날 수 없대요

주천강 나룻배는

우는가봐요

정든님 태워서 보네주고는

공연한 물장구로

얼굴을 씻어요

아마도 눈물을 감추려나봐요

그렇지만 다시 올날

기다리면서

절대로 나루터를

떠날 수 없대요

주천강 나룻배는

부처님인가봐요

슬픈사람 화난사람

모두 태우고

비바람 몰려와도

노를 저어요

영원한 고향나루

건네주려고

절대로 나루터를

떠날 수 없대요.

강원도 영월군 주천면 주천강에서

1985년 4월 오재민

한국불교를 중흥시킨 큰스님들 이야기

2015년 7월 20일 초판 1쇄 인쇄
2015년 7월 30일 초판 1쇄 발행

지은이   오재민
펴낸이   정창진
펴낸곳   도서출판 여래
출판등록   제2011-81호(1988.4.8)
주소   서울시 관악구 행운2길 52 칠성빌딩 5층
전화번호   (02)871-0213
전송   (02)885-6803

ISBN   979-11-86189-45-0   03220
biog   naver.com/yoerai

값은 뒤표지에 있습니다.